阅读的快乐，不在于读什么书，不在于读书的环境，
而在于阅读之后有什么可与别人分享

老板轻松读金融

全彩图解版

一本书读懂公司金融学

资深财务专家 陈光◎著

人民邮电出版社
北京

图书在版编目（ＣＩＰ）数据

老板轻松读金融 ： 全彩图解版 ： 一本书读懂公司金
融学 / 陈光著. -- 北京 ： 人民邮电出版社，2017.4
ISBN 978-7-115-44520-9

Ⅰ．①老… Ⅱ．①陈… Ⅲ．①公司－金融学－图解
Ⅳ．①F276.6-64

中国版本图书馆CIP数据核字(2016)第323950号

内 容 提 要

　　学点公司金融学对老板来说是必须的。金融管理是企业经营的重中之重，老板是财务决策的关键人，老板可以不懂研发、不懂销售，但是不能不懂金融。本书是专为老板量身打造的公司金融学读本，涉及财务基础、市场形势、时间价值、风险收益、资产组合、预算监督、金融结构、金融工具、资本运营、筹资融资、收购兼并、金融平台等12 个方面，以通俗易懂的语言、图文并茂的形式，力求将枯燥高深的金融知识形象化、简单化，贴近现实，注重实用，让老板可以读得懂、学得会、用得上，成为公司金融运营的高手。

　　本书适合企业管理者阅读。

　◆ 著　　　　陈　光
　　责任编辑　折青霞
　　责任印制　周昇亮

　◆ 人民邮电出版社出版发行　　北京市丰台区成寿寺路 11 号
　　邮编　100164　　电子邮件　315@ptpress.com.cn
　　网址　http://www.ptpress.com.cn
　　北京市雅迪彩色印刷有限公司印刷

　◆ 开本：690×970　1/16
　　印张：14　　　　　　　　　　2017 年 4 月第 1 版
　　字数：200 千字　　　　　　　2017 年 4 月北京第 1 次印刷

定价：49.80 元（附光盘）

读者服务热线：(010)81055296　印装质量热线：(010)81055316
反盗版热线：(010)81055315
广告经营许可证：京东工商广字第 8052 号

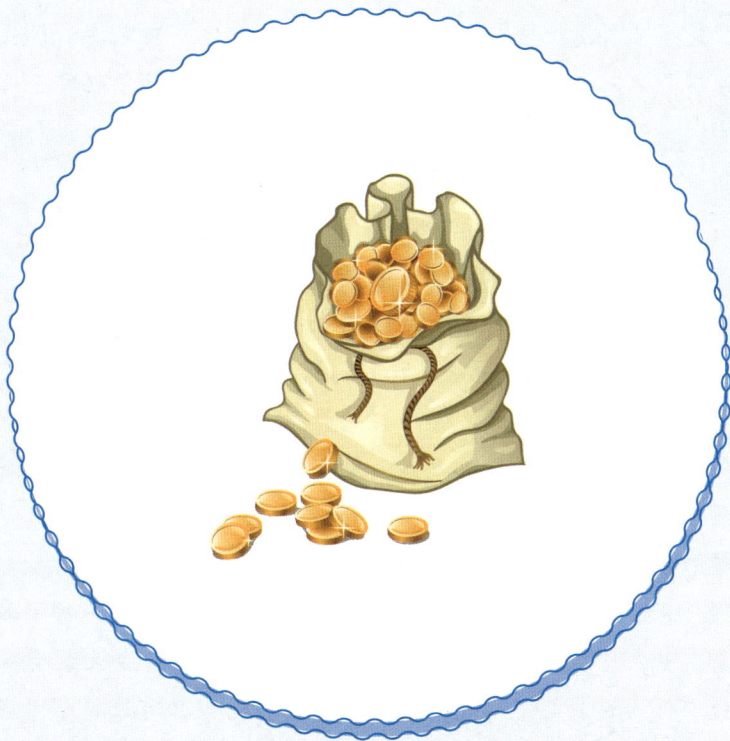

公司金融学，主要研究企业的融资、投资、收益分配以及与之相关的问题，比企业普遍意义上的财务概念要宽泛得多。可以说，现代企业的生存和发展都离不开金融系统，老板及财务高管必须注重研究企业与金融系统之间的关系，以综合运用各种形式的金融工具与方法，进行风险管理和价值创造。

对老板来说，掌握公司金融学知识，一方面可以根据外部金融环境，合理运用对自己有利的资源，进行有效整合，做出对企业有利的决策；另一方面可以透过表象看本质，一眼看出企业存在的问题，对企业内部进行调整，控制风险，提高效益，在短时间内让企业回到健康运行的轨道上来。所以说，公司金融学不是一般的金融货币知识，也不是实际的会计操作技巧，而是从公司的战略角度，结合内外部的金融环境做出财务决策的一门学问。

随着经济的不断发展，企业面临的市场环境越来越复杂，P2P网贷、互联网金融、众筹、股权投融资等，风险也越来越大，各种金融问题不断考验着企业和老板的金融应对能力；应对稍有不慎，企业就有被风险吞噬的可能。作为企业政策的制定者和决策者，老板只有让自己变成精通公司金融学的高手，才能站在战略高度对企业运营做出清晰的规划，面对汹涌的市场风险做出理性的判断，让企业这艘航船在惊涛骇浪间平稳前行。

本书是专为老板量身打造的公司金融学读本，涉及财务基础、市场形势、时间价值、风险收益、资产组合、预算监督、金融结构、金融工具、资本运营、筹资融资、收购兼并、金融平台 12 个方面，以通俗易懂的语言、图文并茂的形式，力求将枯燥高深的金融知识形象化、简单化，贴近现实，注重实用，让老板可以读得懂、学得会、用得上，从而在公司财务管理方面有的放矢，做出对企业有益的财务决策，实现财务价值的最大化。

本书使用说明

《老板轻松读金融（全彩图解版）：一本书读懂公司金融学》是一本专为老板量身打造的金融知识学习读本。全书共分为13章，每章4节内容，从财务基础、市场形势、时间价值、风险收益、资产组合、预算监督、金融结构、金融工具、资本运营、筹资融资、收购兼并、金融平台12个方面对公司金融学进行阐述，以通俗易懂的语言、图文并茂的形式让老板对公司金融学有一个深入的了解，结合典型的案例对公司金融学进行形象化

节标题

每章都分为几节，节标题向老板揭示了该节要学习的知识要点。

图解

为了让老板一目了然地理解书中概念，本书运用逻辑拆解法将概念间的关系做成图表分析的形式。

3　**老板轻松读金融（全彩图解版）**
　　——一本书读懂公司金融学

紧扣国家政策带来的金融变化

国家为了调控经济的合理发展，在必要的时候会对市场进行干预，运用宏观调控政策把走偏的经济方向拉回到正常的轨道，而金融政策往往是国家实现这一目标的重要手段。国家宏观调控经常用到的金融政策包括货币政策、利率政策和汇率政策（见图3-3）。作为企业，必须时刻关注国家政策的导向，根据国家政策的调整来调整自己的企业的生产经营，努力跟上国家政策调控的步伐，使企业健康稳定地发展。

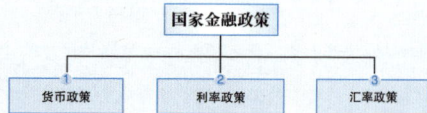

```
            国家金融政策
    ┌───────────┼───────────┐
  ① 货币政策   ② 利率政策   ③ 汇率政策
```

图3-3　国家金融政策的内容

一、货币政策

货币政策是指中央银行为了实现政府制定的生产目标，利用各种金融工具来调节市场走向，进而影响民间资本的投资和行业的生产，从大的方向上对市场进行调整的行为。国家货币政策实现的金融工具包括法定准备金率、公开市场业务和贴现政策（见图3-4）。

存款准备金是指为了能够满足客户提取存款和资金清算的需要，各金融机构事先准备的资金。金融机构按照相关规定向中央银行缴纳存款准备金以保证客户能够提取存款的需求，其向中央银行提交的资金所占本身存款总额的比率就是存款准备金率，后来这一行为演化为一种金融工具，中央银行通过调整存款准备金率来控制货币的供应量。

44

的再现，让老板在知识讲解中看到实际经营中自己的影子，改正错误的做法，坚持正确的做法。本书在内容上将专业知识形象化、通俗化，同时在版面设计上采用简单、清楚的学习界面，配以全彩图解来辅助解释复杂的概念，让老板一看就懂、一学就会，轻松成为公司金融运营的高手。

章名

提炼了老板在企业运营过程中所涉及的公司金融学知识，每章讲述一个主题，由浅入深，循序渐进。

第3章　市场调查：读懂企业外部的金融形势

▶案例

宏观调控利器

利率调控一直是我国对经济宏观调控的主要手段。改革开放以来，中国人民银行完善了利率调控的机制，调整了利率的水平与结构，让利率调控在宏观调控中的作用越来越大，成为政府调控经济的重要杠杆。

1993年5月和7月，中国人民银行针对当时经济过热、市场物价上涨幅度持续攀高的现象，两次提高了存、贷款利率；1995年1月和7月又两次提高了贷款利率。这些调整有效控制了通货膨胀和固定资产投资规模。1996年5月和8月以及1997年10月和1998年3月，针对我国宏观经济调控已取得显著成效、市场物价明显回落的情况，央行又适时四次下调存、贷款利率，在保护存款人利益的基础上，对减轻企业——特别是国有大中型企业——的利息负担，促进国民经济的平稳发展产生了积极影响。

▶老板日记

老板日记

对正文介绍的内容加以总结提炼，并对老板在公司运营中易出现纰漏或犯错的金融误区予以警示。

紧跟国家的步伐

国家采取什么样的金融政策，是国家站在宏观的角度在审视经济发展状况后做出的战略性调整，是一个大的总体性的方向。这一政策只会对全国的经济发展产生积极的影响，而对企业的影响就要看企业的发展方向是否与国家政策一致了。比如国家在制定一项政策时，你的企业生产运行在相反的方向上，那你的企业必然会在调整中遭受损失。但是在全国经济层面来看这样的政策是有利的，国家也不可能因为个别企业的需求而改变政策，所以企业必须时刻关注国家的金融政策，紧跟国家的步伐，发展自己的企业。

47

目录

第4章　时间价值：老板必读的金融横轴线

第5章　风险收益：金融决策的衡量标准

第6章　资产定价和组合：当老板要学会金融排列组合

第11章 筹资：企业扩大业务的金融"快车道"

第12章 收购、兼并和重组：必须读懂的公司金融事件

第13章 平台：读懂并利用金融的最高成果

第 **1** 章

读懂金融是当好老板的第一步

要成为一位好老板，懂得金融知识是一个重要的前提。在企业的管理中，金融管理是重中之重，是企业管理的核心，懂得金融，就能掌握企业的脉搏，对企业的每一分变化都能够了如指掌，应对自如。金融知识是老板必须具备的知识，所以作为企业老板的你，抓紧时间学习金融吧，迈出成为一名好老板的最坚实的一步。

本章教你：
▶ 你真的知道什么是金融吗
▶ 现代老板和金融的三种相处方式
▶ 为什么当老板绕不开金融
▶ 公司金融的独特性决定老板的行动

你真的知道什么是金融吗

在经济飞速发展的今天，金融已经成为企业发展的命脉，能否拥有行之有效的金融策略，对于企业的运转、发展起着至关重要的作用。作为企业老板，必须要读懂金融，理解金融，正确运用金融，让正确的金融策略帮助自己的企业快速成长。

一、金融是什么

金融是货币的发行、流通和回笼，货款的发放和收回，存款的存入和提取以及汇兑等经济活动的总称。

在经济日趋发达的今天，金融与我们的生活息息相关，已经融入我们生活的每一个角落，不经意间，你就已经参与到金融活动中了。

央行发行货币就是我们身边最明显的金融活动，还有诸如我们去银行存钱取钱、贷款还款以及给朋友亲人汇款、兑换货币等行为，都是我们所说的金融。

金融是一种交易活动，从本质上看就是价值的流通，金融本身并不能创造价值，但是通过金融活动我们可以加快价值流通的速度和效率，间接加快价值的产生。

如果我们把生产活动比作汽油的话，生产活动为我们的经济这辆汽车提供了前进的动力，而金融活动就是润滑油，在它的作用下，生产活动的效率得到了提高，促进了经济的发展和价值的生成。一个地区金融活动的频繁程度往往反映了这一地区经济发展的水平和繁荣程度。所以，经济的繁荣与金融的发展是息息相关的（见图1-1）。

图 1-1　金融的作用

> 案例

"土豪金"发行

2015 年 11 月 12 日，2015 年版第五套人民币 100 元面值的纸币发行，人民银行官方微博称，为更好地保护人民币持有人的利益，需要根据科学技术的发展，不断提高钞票的防伪技术和印制质量，保持人民币防伪技术的领先地位。2015 年版第五套人民币 100 元面值的纸币距离上一版的发行已经过去整整十年。这十年间，现金流通和银行金融机构对钞票处理的手段发生了巨大变化，自动售货设备和现金自动处理设备蓬勃发展，对人民币的机读性能提出了更高要求。而一些不法分子也不断利用新技术来伪造人民币，给公众识别带来了困难。央行这次发行"土豪金"百元人民币的行为，就是我们身边最典型的金融了。

二、金融包含哪些构成要素

金融是一个以信用工具为载体，参与各方用信用工具进行交易，通过金融市场在金融制度和调控机制的监督下进行货币资金使用权的转移的一个系统。在这个系统内，有五方面的要素维持着这一系统正常而有效地运行，分别是金融对象、金融方式、金融机构、金融场所以及制度和调控机制（见图1-2）。

金融对象，就是指货币。金融市场中的货币以各种金融产品的形式被投放到市场当中。这些金融产品包括股票、债券、储蓄存单等。金融是通过对货币使用权的转移来达到促进经济发展的作用的。金融操作中的每一项行为最终目的都指向了货币，货币使用权的转让频率代表着一个地区的金融发展水平，相应地也是一个地区经济发达与否的显著标志。

金融方式，是指价值在金融市场中实现交换的形式，其中借贷方式是金融市场中最主要的金融方式。通过这种金融方式，市场中的货币使用权频繁变化，促进了市场资金的优化配置，将市场资金对于企业生产的催化作用发挥到了最大化，促进了经济的稳定健康发展。

金融机构，是指从事金融服务行业的金融中介机构，是市场上交易活动的主体，是金融交易活动的直接执行者。金融机构一般分为银行金融机构和非银行金融机构，这些机构承担着金融市场中金融产品具体的交易行为。

金融场所，是金融交易进行的地方。这一场所可以是现实中存在的一个固定的地点，也可以是虚拟存在的一个交易空间。有形的交易场所通常拥有固定的交易地点以及为方便交易配备的各种设备，比如证券交易大厅以及银行等都是有形的金融交易场所。虚拟的交易场所没有固定的地点，交易形式灵活，利用电脑等通信设备完成交易，可以进行跨区域交易。

制度和调控机制，是指为了监管和保持金融市场稳定、合法地进行交易而制定的规章和制度。国家为了保持金融市场的稳定、有序、发展，制定了一系列相关的法律法规来规范金融市场。而为了保证金融市场高效、稳定和健康，国家还制定一系列的调控机制，在金融市场出现波动时及时进行调控干预，维护广大金融参与者的合法权益，保证金融市场的稳定。

图 1-2　金融的构成要素

❯ 案例

上海证券交易所

上海证券交易所成立于 1990 年 11 月 26 日，是经国务院授权，由中国人民银行批准建立的中华人民共和国建国以来内地的第一家证券交易所。经过多年持续发展，上海证券市场已成为中国内地首屈一指的市场，上市公司数、上市股票数、市价总值、流通市值、证券成交总额、股票成交金额和国债成交金额等各项指标均居首位。

上海证券交易所的主要职能是提供证券交易的场所和设施；制定证券交易所的业务规则；接受上市申请，安排证券上市；组织、监督证券交易；对会员、上市公司进行监管；管理和公布市场信息等。

❯ 老板日记

揭开金融的面纱

金融是由其内部各个环节和因素构成的一个系统。在这个系统中，资金提供者的资金以金融产品的方式出现在金融市场上。在企业生产中，需要资金的老板可以根据自己的需要购买相关的金融产品推动自己企业的发展和产品的升级。金融在我们经济生活中发挥的作用是不容忽视的，它自己本身不会产生价值，但是在它的作用下，将社会中的资金与创造价值的企业联系起来，大大加快了社会价值的产生过程，繁荣了经济的发展，是老板实现企业发展的重要助力，不容忽视。

现代老板和金融的三种相处方式

　　企业的发展离不开金融资金的支持，老板在企业的发展过程中对金融策略的选择至关重要。只有运用正确适当的金融策略，企业才能在稳定发展的同时有效提高资金的运用效率。面对金融，老板必须做到以下三点：认识金融、运用金融、防范金融。

一、积极认识金融

　　随着我国市场经济的发展，金融这一词汇越来越频繁地进入了企业老板的视野之中。市场上每天都在谈金融、讲金融，如果作为企业老板，你不了解金融，那么你的企业就有落伍甚至被时代淘汰的危险（见图1-3）。所以企业老板必须在态度上重视金融，积极地去学习和利用金融。金融就像一把利剑，用好了，可以助你披荆斩棘，所向披靡，许多你自己不敢想不敢做的事，在金融工具的帮助下，都可以成真。了解金融可以真正让你实现花别人的钱做自己的事、花明天的钱办今天的事的梦想。所以，但凡是有追求和理想抱负的企业老板，都会积极地去融入金融，自觉树立自己的金融意识，用现代化的金融体系来管理自己的企业，让自己的企业顺应时代的发展，不断地发

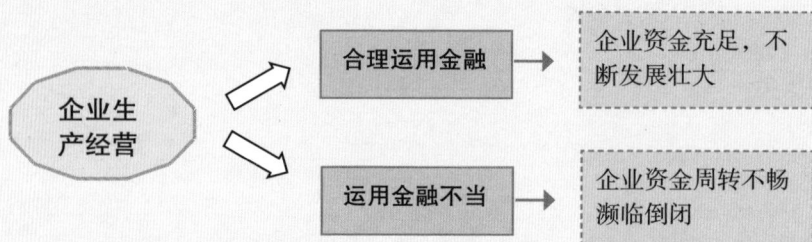

图1-3　金融在生产中的作用

展壮大。金融知识告诉我们，钱只有流动起来，才能体现其价值，才能不断提升其价值。

所以，拥抱金融是每一个成功老板必然的选择。

> **案例**

金融不只有风暴

金融风暴席卷全球，股市震荡让人心惊，现在的人们闻金融而色变。之所以这样，是因为你不了解金融。作为企业老板如果你不了解金融，那你无异于折断了自己的一双翅膀，非但不能借着金融的力量实现自己的梦想，反而会时刻面临着金融风暴这柄悬在头顶的"达摩克利斯之剑"的威胁。

老王的玩具厂岌岌可危，依赖于毛绒玩具外贸出口的企业因为金融风暴的影响，业绩已经连续几个月出现下滑，订单量越来越少。老王以前不懂金融，因为金融风暴给自己企业造成的影响，他打心眼里痛恨金融——如果没有金融风暴，自己也不会面对如此窘境。可是这几天老王却对金融特别上心，因为他发现不只有金融风暴，金融原来还可以帮他走出困境。在金融工具的帮助下，老王成功转换了自己的经营方向，升级了产品，开拓了市场，企业在不利的外部环境下实现了逆势增长。

二、时刻警惕金融风险

金融可以给企业发展带来巨大的助力，但同时金融也蕴含着巨大的风险，稍有不慎，就会吞噬你的企业。企业老板既要利用金融发展自己的企业，又要防范其内在的巨大风险，需要从以下五个方面入手（见图1-4）。

1.提升企业内部的财务管理能力

企业财务部门必须时刻关注国家相关经济政策、法规的变化，必须时刻关注本行业内部生产各环节市场形势的变化，及早进行预案分析，提高企业的应变能力，提防政策大环境的改变或行业内部竞争带来的潜在财务风险。

2. 严格现金流管理，提高回款率

现金流是企业的命脉，现金流的充足与否关系着企业的竞争力和生命力，所以财务管理必须要时刻注意现金流的安全。要根据不同的客户制定不同的信用额度和回款要求，防止坏账的产生，保证应收账款及时、足额回收。

3. 科学管理，理顺内外关系

现金流对企业至关重要，但企业内外关系的重要性也不容忽视。于内，企业内部人员关系错综复杂，如果不科学管理，必将影响团结和生产效率，导致企业内耗严重；于外，市场环境瞬息万变，如果没有几个可靠的合作伙伴，企业很难在市场大潮中游刃有余，企业老板必须科学地去处理产品生产上游和下游企业间的关系，所以老板对于企业的管理要科学，要张弛有度，在企业安全的前提下灵活处理。

4. 融资手段多样化

巴菲特说"不要把鸡蛋放在一个篮子里"，简单明了地揭示了财物安全的真谛——企业的财务切忌"一棵树上吊死"。企业的资金来源和融资渠道必

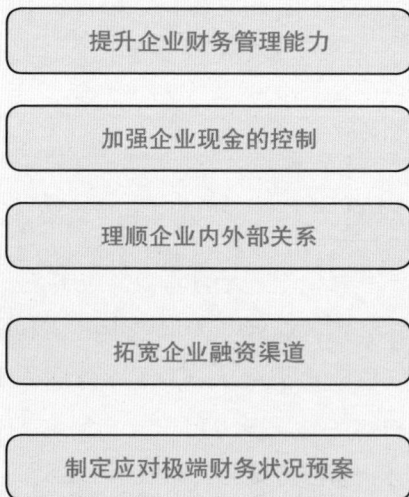

提升企业财务管理能力

加强企业现金的控制

理顺企业内外部关系

拓宽企业融资渠道

制定应对极端财务状况预案

图 1-4　企业如何有效避免金融风险

须要做到多样化，才能保证企业的财务安全。企业要做到自己的现金流有序顺畅地运行。

5.制定应对极端财务情况的预案

企业作为市场的基本单位，需要随时面对市场中瞬息万变的形式。市场形势随时会发生变化，如果企业应对不及，往往会被"击倒"，所以企业在平时就要做好应对极端金融环境的预案，以备在变故来临之时应对得当。

> **老板日记**

既然绕不开，那就吃透它

　　金融已经存在于企业中的每一个角落，成为企业生产经营过程中无法回避的事项。作为企业老板，既然避不开它，那还倒不如直面它，更何况金融又不是什么洪水猛兽，如果运用得当，金融是企业发展有力的臂膀。

　　许多老板对金融的抵触，源自于对金融的不了解，如果你吃透它，看懂它，你会发现金融能帮你成就许多你以前心有余而力不足的事情，帮你完成许多你准备在多少年以后才敢去做的事情。相信金融的力量，取其精髓，防其风险，做玩转金融的企业达人。

老板轻松读金融（全彩图解版）

——一本书读懂公司金融学

为什么当老板绕不开金融

现代企业的经营，金融已经成为企业老板绕不开的一个话题。企业发展到一定规模之后，会进入一个瓶颈期。企业必须要进行融资，让外部资金注入才能实现企业的进一步转型升级，使企业发展到一个新的高度。而金融就是提供这一外部助力的最佳渠道。所以如果想要企业有进一步的发展，每个企业老板都绕不开金融。

一、企业与金融的结合是必然趋势

在商品经济中，产业与金融的结合已经成为一种必然的趋势（见图1-5）。在社会化大生产中，生产要素由市场来支配。企业需要从市场中来获得自己进行生产所必需的生产资料，而这些生产资料的获得有赖于企业自身的经济实力。当企业生产扩大到一定的规模时，光靠自身的经济实力，已经很难负担生产所需要的资本。因此，企业的扩大再生产，必须要借助外部资金的注入才可得以实现。这个时候，企业为了远期更大的发展和利益目标，必须要借助金融资本才能够实现当下的产业投资，而随着经济发展速度的加快，几乎所有企业都会在企业运转到一定阶段时遇到上述的困境和融资选择，所以作为企业老板是绕不开金融的，区别只是或早或晚，或主动或被动，或蒸蒸日上或饮鸩止渴罢了。现代化企业，融资已经成为企业快速成长的必由之路，强大外部资金的注入，激活了企业的竞争力，使企业的生产规模不断扩大，企业实力越来越强，资产越来越雄厚，而这一切，都来源于企业合理的融资。通俗来讲，使企业用别人的钱办了自己的事，相比于企业的付出来说，其回报也是相当丰厚的，所以企业与金融的结合已经成为现代企业发展的一个必然趋势。

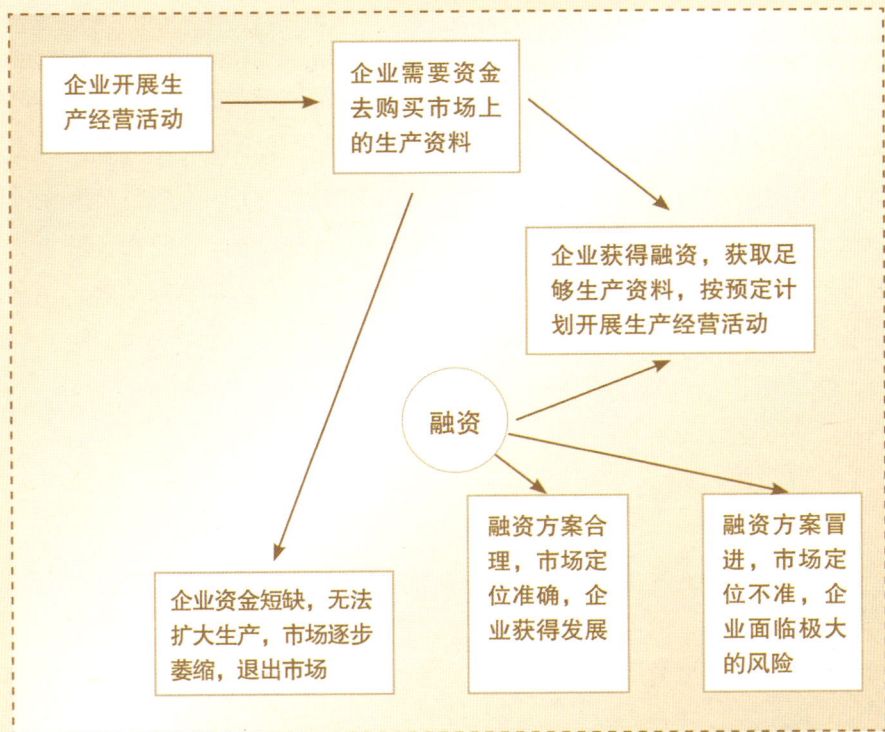

图 1-5　企业与金融的结合

> **案例**

金融助企业转型升级

　　东北某小型粮食加工企业，依托当地丰富的粮食资源，出产优质东北大米，以过硬的产品质量和市场开发赢得了广泛的市场。企业将下一个销售目标对准了酒店高端市场，但这一市场需要企业提供更高品质的产品，而目前企业的生产设备无法达到要求。企业亟需提升设备和产品品质，但当下企业又无力承担升级设备所必需的资金支出。在得知这一情况后，当地某银行与企业取得联系，以企业的固定资产和企业的利润提成为抵押果断对企业进行融资，助推企业完成生产设备的升级，使企业成功抢占高端市场。这么一来，不仅为企业带来丰厚的回报，而银行也获得了不菲的收益，实现了双赢。

二、金融是对企业经营无形的监管

企业是市场中的基本单位，企业的发展依靠健全的市场和合理的经营。企业随着自身不断地发展，与金融市场的关系越来越紧密。随着融资、上市等金融策略的实施，企业已经不再是一个人的企业，而成为所有持有企业股份的投资者的企业，经营状况直接影响着这些人的收益。企业在金融市场上的表现影响着企业的发展前景和投资者的信心。如果企业经营不善，就会影响企业的声誉和公司的资产，所以在金融市场的监管下，企业必须要做好，做对，自我监管，自我约束，否则就会被市场淘汰（见图1-6）。

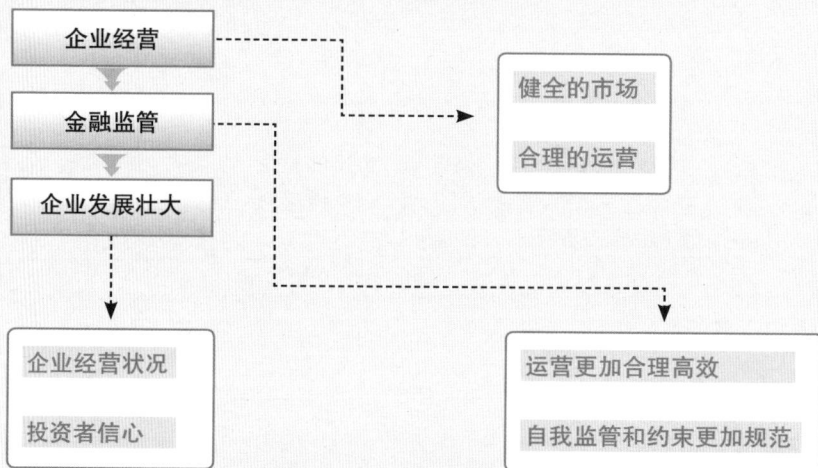

图 1-6 金融对企业经营的监管作用

▶案例

浴火重生

某上市公司在上市后业绩一直不振，股价一路下滑，最终落得"ST"的险境。面对如此的业绩，企业自我反思这几年的经营，果断重组自救，砍去了企业的落后产能，整合企业资源，降低企业的生产成本，在短短一年的时间内使企业实现盈利，挽回了投资者的信心。企业也在股市中成功脱掉了

"ST"的帽子，股价的上扬也给投资者带来了丰厚的回报，而这一切，都是源自企业的自我反思和调整。所以说金融就像一把无形的标尺丈量着企业管理层的业绩，企业的经营状况在金融上都有敏感而直观的体现。金融在无形中督促着企业的经营者规范、科学、高效地经营企业，否则金融就会举起手中的杀威棒将不合格的企业踢出市场。

> **老板日记**

金融是客观的存在

"你见，或者不见我，我就在那里，不悲不喜。"金融就像这句浪漫的诗歌，不管你在意或者不在意，金融就那样默默地存在着，不会因你的逃避忽视而离你远去，也不会因为你的穷尽心思而多给你什么。金融就是一种客观存在的规律，只要你的企业在市场中经营，它就会对你产生影响，所以作为企业老板，既然无法回避金融的影响，那么就来勇敢地面对它吧，认识它，运用它，防范它。合理运用金融，你不但能够避免它对你的威胁，而且可以运用它强大的功能，助推自己企业的发展，为自己的企业插上腾飞的翅膀。

公司金融的独特性决定老板的行动

公司金融是以本企业的利益最大化为最大目的的，具体来说，公司金融以企业的利润最大化、企业股价的盈余最大化、企业的价值最大化为终极目标。这样具有独特性目标的追求，就决定了企业老板在企业的经营活动中围绕这一目标制定相关的生产经营计划和策略，确保企业的经营能够达到上述的目标，提升企业的实力和企业所有者的利益。

一、企业利润最大化

获取利润实现盈利是企业存在于市场中最天然的职能，利润的创造代表了企业在市场中占有的地位和生存的资本；追求利益的最大化，往往成为企业发展的终极目标，也成为企业决策者最为看重的结果。可是事实有时候并没有像人们想象的那样去发展——有时候企业过度地去追求利润，反而会给企业带来潜在的危机，将企业的经营置于险地。

企业追求利润，必须要跟企业自身的特点和发展规划相结合，只有因地制宜，适当合理地制定企业的盈利计划，企业才有可能健康发展。这其中杀鸡取卵、只看重眼前而忽略长远的规划就是企业利润最大化给企业带来的最大的伤害。

其次，企业老板如果只关注利润，会在企业的发展决策中忽略企业效率的提高和长远结构的合理性，因为只关注利润，所以企业在投入上往往将资金投向短期内产出较高但对资金占有量大且无法重复盈利的项目，而那些对企业长远发展有着重要作用，且对企业提高经营效率有着巨大帮助，本身能为企业重复创造利润的项目被搁置，导致企业发展不均衡，逐渐失去在市场上的竞争力。

再次，老板过分关注企业利润的最大化，往往会降低对市场风险的警惕性，就比如一个老板一年入账 100 万元，都是现金入账，钱实实在在地进入了企业的账户，但是另一位老板今年入账 150 万元，但有一半以上都是未收回的货款，有成为烂账的风险，如果老板眼里只有利润，往往会成为后者，虽然入账确实多了 50 万元，但要付出的风险成本却是要高出许多。

追逐利润是企业的天职，无可厚非，但凡事有度，老板在追求利润的同时一定要平衡好企业发展过程中各方面的因素。纵向来说，要平衡企业发展短期与长期的发展目标的协调；横向来说，要平衡高风险与低风险的平衡等，使企业的利润处在一个适合企业健康发展的合理范围内，企业既获取了利润又获得了发展，这是最好的状态（见图 1-7）。

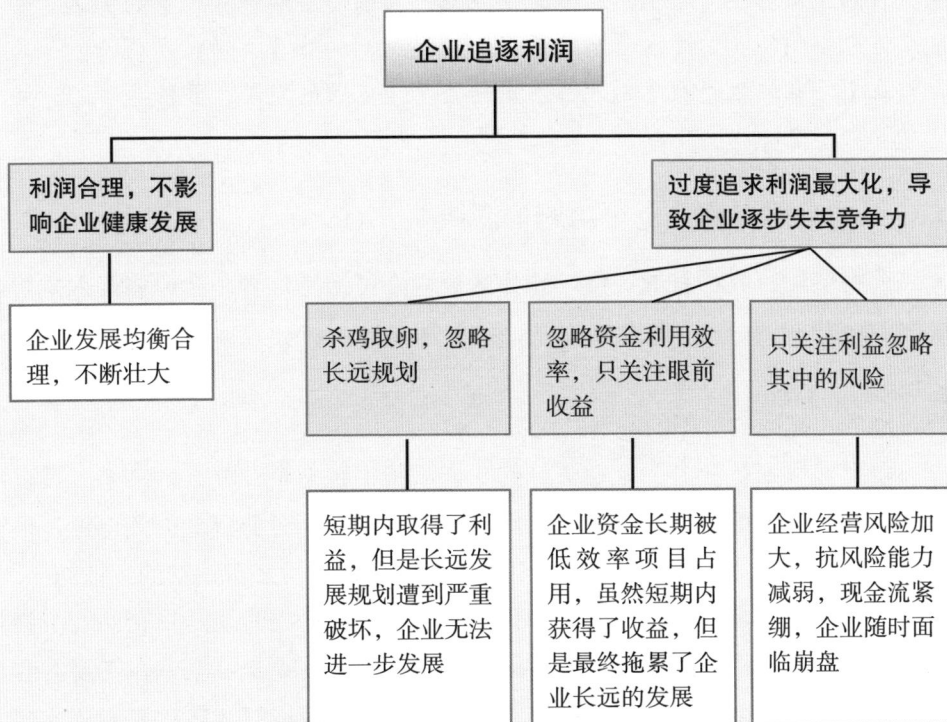

图 1-7 企业对利润的追逐

> **案例**

倒闭的砖厂

红星砖厂是孟涛创办的一家企业。这里背靠大山，为砖厂的生产提供了得天独厚的优势。在开业以来，随着各地建筑行业的兴盛，砖厂的生意火爆异常，成为村里的支柱产业。砖厂厂长孟涛，对于砖厂的发展前景充满信心。订货的客户每天都络绎不绝，孟涛感觉到自己必须得扩大砖厂的规模，再上几套制砖生产线。孟涛将这几年砖厂的盈利都投入到这几条新增的生产线上，可是市场风云突变，红星砖厂生产的是实心砖，而现在建筑工地普遍都采用了空心砖，同时伴随着治理雾霾、净化空气政策的实施，环保局要求砖厂必须加装环保设备，否则就得停产。面对接二连三的不利因素，砖厂刚刚把资金投入到了新的生产线上，根本无法应对产品的转型和环保设备的加装，无奈之下只得倒闭。孟涛也为自己无限制追逐利润的盲目举动付出代价。如果当时在上马新的生产线之前能多考虑一下厂子以后的发展，多给厂子留一些流动资金，事情就不会走到今天这一步。

二、公司金融原则是不可逾越的底线

公司金融有其特有的底线，作为老板，不可逾越，否则企业将陷入危险之中。这些原则包括：安全性原则、流动性原则、盈利性原则、风险与收益均衡原则、资源合理配置原则以及利益关系协调原则。在这些原则的指引下，公司金融才能得到健康的发展（见图1-8）。

安全性原则是针对于企业资金的安全，其中包括企业融资的安全、投资的安全以及资金运营的安全。安全性原则有助于提高企业资金的安全性，确保企业资金的支付能力，减少公司资产损失，保证公司经营活动的良性循环。

流动性原则是指企业的资产和负债的流动。资产的流动是指企业的实物或金融资产变为相应的货币资产的能力，而负债流动则是指企业在需要的时候以合理的方式接入资金的能力。企业的流动性能否良好运转代表着企业的经营状况和在市场中的地位。

盈利性原则是针对企业的生产经营活动而言的。盈利是企业的基本"职能"，企业要在不影响自身健康发展的合理范围内实现盈利，进而不断发展壮大。要想实现这一目标，企业需要尽量降低融资成本，提高生产效率。

风险与收益均衡原则是针对企业的经营风险而言的。虽然收益对于企业十分重要，但市场中蕴含的各种风险也不得不防。企业必须谨慎提防市场中的风险，不要让眼前的利益蒙蔽双眼，这也是这条原则创立的初衷所在。

　　资源合理配置原则是指企业的生产经营要在企业现有的生产资料基础上合理配置，将有限的资源功用发挥到最大化。提高使用效率，做到"好钢用在刀刃上"！同时在单位工作时间的工作效率上也要做到统筹规划，以节约时间，提高工作效率。

　　利益关系协调原则是指企业老板要妥善处理企业内部各部门之间、员工之间的关系，努力调动每个人的工作积极性，提高工作效率。另外，对外企业要协调好与合作伙伴之间的关系，提高在生产经营中的合作质量。再有，在股份制企业中的投资人、债权人、经营者等人之间的关系也要妥善处理。

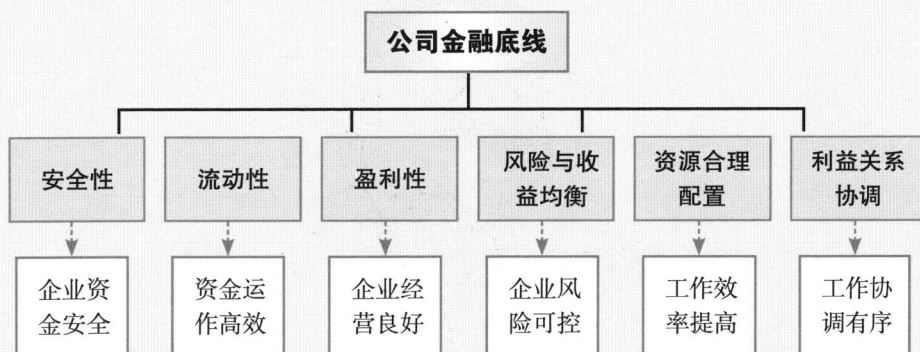

图 1-8　公司金融底线

率性而为是大忌

　　企业经营尊重客观市场规律，一定要勤练管理内功，在企业管理上多下功夫学习实践，根据企业管理科学来管理企业，不因为自己的喜好而影响企业的经营管理，耽误了企业的发展前途。

第 2 章

财务基础：
读懂企业内部的金融实力

学习金融的第一步，就是要学习财务的基础，了解财务最基本的内容。这其中包括会计的六要素，企业财务指标的设定和审核，企业所涉及的各种税收，还有如何保持企业财务平衡的方法

本章教你：
▶ 老板必知的会计六要素
▶ 给企业设定财务指标
▶ 了解企业涉及的各种税收
▶ 查看企业的财务平衡状况

等内容。通过这一章的学习，你可以大概地了解财务包含的内容，为进一步学习财务知识打下基础。

老板必知的会计六要素

会计六要素是指资产、负债、所有者权益、收入、费用和利润这六项会计需要关注的六方面工作内容。这六项要素直接体现着企业的财务状况，其中前三项反映着企业的静态财务状况，是企业综合财务实力的体现。而后三项要素则是企业动态财务状况的反映，是企业当前经营状况的体现。

一、资产

资产是指企业通过过去的交易或事项形成的，由企业拥有或控制的，预期会给企业带来经济利益的资源。资产是企业在市场中赖以生存的必要条件。资产一般分为流动资产、长期资产、固定资产、无形资产、递延资产等几个类别。资产是进行经营生产活动的物质基础，作为企业生产不可或缺的生产资料，资产具有以下的特征：现实存在，企业实际控制，能够给企业带来收益（见图2-1）。

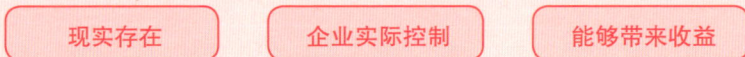

| 现实存在 | 企业实际控制 | 能够带来收益 |

图 2-1　资产的特征

二、负债

负债指的是企业通过过去的交易或者相关事项而形成的可以导致企业的经济利益从企业流出的现时义务。这是企业进行生产经营活动时所必须要经历的事项。负债是为了产生新的价值的一个过程。从实质上来讲负债就是企业在一定时期后必须要偿还的经济债务，其偿还义务的履行受之前签署的合同和法律的制约，是企业市场活动中必须要履行的义务。负债的特点包括现时义务、企业利益流出、过去经营形成（见图2-2）。

| 现时义务 | 企业利益流出 | 过去经营形成 |

图 2-2　负债的特征

三、所有者权益

　　所有者权益是指企业的投资者对于企业净资产的所有权，是企业所有者对于企业净资产可以索取的权利，是企业资产扣除相关的负债之后的企业所有者所享有的剩余权益。这其中包括投入资本、资本公积、盈余公积以及未分配利润等四方面内容（见图 2-3）。所有者权益的大小与其对企业的出资额有直接关系，所有者在享有所有者权益的同时也承担着企业相应的经营风险。同时所有者权益也代表着所有者在法律意义上享有的对企业管理或委托其他人管理的权利。

　　所有者权益中投入资本是指企业投资者在企业的日常经营生产中投入的各种财产物资，企业投资者根据投入的多少享受相应的所有者权益；而资本公积是指企业营业利润之外的途径导致企业资本增加的净资产。这其中包括外界对企业的捐赠，企业财产重新估值后资产的升值，资本汇率波动中企业资产的得益以及资本溢价所导致企业多出的各种财产。盈余公积是指企业从税后净利润中提取的留存于企业内部用于特殊用途的资产的收益累积，这部分资金可以用于弥补企业的亏损，也可以按照法律规定程序作为企业增资的

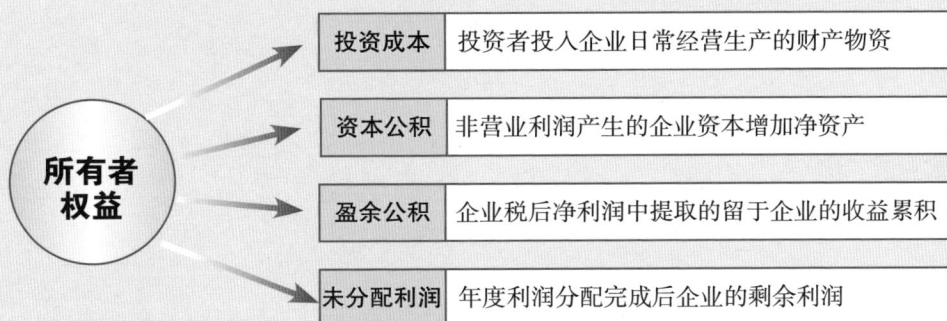

所有者权益

投资成本	投资者投入企业日常经营生产的财产物资
资本公积	非营业利润产生的企业资本增加净资产
盈余公积	企业税后净利润中提取的留于企业的收益累积
未分配利润	年度利润分配完成后企业的剩余利润

图 2-3　所有者权益包含的内容

本金。未分配利润则是指企业本年度利润分配完成后企业剩余的利润，这部分利润如果为负数，则表示当年的亏损为得到弥补，需要等到以后的年度利润和盈余公积来弥补。

四、收入

收入是指在企业的日常经营活动中形成的会使企业所有者的权益获得增加的与企业所有者的资本投入无关的经济利益的总收入。这其中包括销售商品的收入、劳务付出收入、让渡企业资产使用权收入、利息收入、租金收入、股利收入等，但不包括为第三方或客户代收的款项。收入的特点包括：收入是在企业日常的生产经营活动中形成的；收入可以使所有者的权益得到增加，具体表现为所有者资产的增加和负债的减少；收入只是指本企业经济利益的收入，企业为第三方代为收纳的款项不能计算在内；最后，收入与所有者的投入资本没有关系，是企业除所有者投入外经济利益的总流入（见图 2-4）。

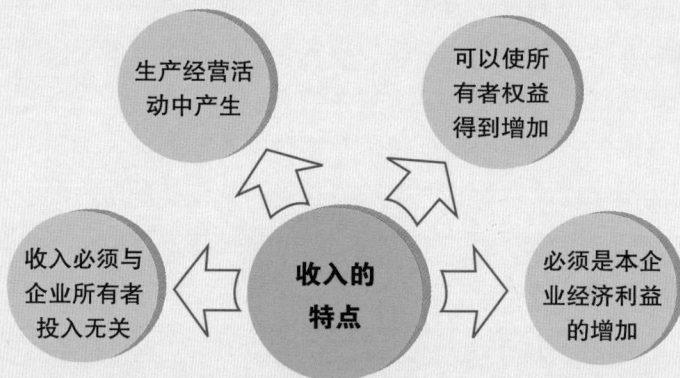

图 2-4　收入的特点

> **案例**

书店月收入是多少

云翔书店月末盘点，书店整月共入账 34000 元，其中包括所有人向书店注资 15000 元，代供货商向分销商收账 4000 元。刨去这些，书店本月账面上还剩 15000 元。这 15000 元是书店在本月销售经营活动中产生的，而且里面不包含书店投资人的投入，另外书店账面刨去各方面支出后多出了15000元，所以这15000元就是书店本月的收入。而书店所有人为书店注入的15000元，属于书店所有者的投入，所以在计算书店收入的时候必须从书店的入账中把这部分钱刨出来，而代供货商收的4000元属于暂代收款，书店对这部分钱不具有所有权，所以这4000元也不能算作书店本月的收入。

五、费用

费用是指企业的日常活动中发生的会导致企业所有者权益减少的且与所有者利润分配无关的经济利益的总支出。我国《企业会计准则》中对费用的定义为：费用是企业生产经营过程中发生的各项耗费。企业直接为生产商品和提供劳务等发生的直接材料、直接人工、商品进价和其他直接费用，直接计入生产经营成本；企业为生产商品和提供劳务而发生的各项间接费用，应当按一定标准分配计入生产经营成本。企业行政管理部门为组织和管理生产经营活动而发生的管理费用和财务费用，为销售和提供劳务而发生的进货费用、销售费用等，应当作为期间费用，直接计入当期损益。其特点是：费用是在企业的日常活动中产生；费用会导致所有者权益减少；费用与所有者利润分配无关（见图2-5）。

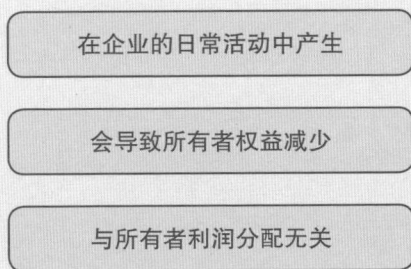

在企业的日常活动中产生

会导致所有者权益减少

与所有者利润分配无关

图 2-5 费用的特征

六、利润

利润是指企业经过生产经营活动后在一定的会计期内所获得的税后净经

营成果，直观来看就是企业在一定时期的收入减去企业在这一时期的费用剩余的差额，是企业运营状况好坏与否最直接的体现（见图2-6）。

收入 － 费用 ＝ 利润

图 2-6　利润是怎么来的

> 案例

老王的账目

老王和媳妇儿经营着自己的小吃店，每天生意兴隆，食客络绎不绝。这天店铺打烊后老王和媳妇儿计算收益。

早晨老王去早市购买蔬菜、调料等食材花出去 570 元，房租折到一天是 20 元钱，店里雇了两个服务员，两人工资一天折下来是 180 元，其他如水、电、煤气等算下来一天是 15 元钱。这样算下来老王小吃店一天支出的费用是 785 元，而今天老王总共收入了 1680 元。如此算下来，老王这个小吃店今天的利润就是 895 元。看着自己今天的利润，老王跟媳妇儿笑得合不拢嘴。

> 老板日记

玩转六要素

作为企业的老板，要了解财务，而了解财务，就要从会计工作的六要素来入手。会计六要素，包含了企业财务的方方面面，认识了会计六要素，看懂了会计六要素，就能够了如指掌企业的状况，能够根据企业的实力和现实情况制定行之有效的经营策略，避免盲目经营给企业带来危险。

给企业设定财务指标

给企业设定财务指标，是老板管理企业财务的前提，只有懂得给企业设定财务指标，老板才能从企业财务部门这里了解到公司的运行状况和财务安全状况。要设定企业的财务指标，作为老板，必须要了解企业的财务指标中都包含哪些关键的信息。在这里，我们重点向各位老板介绍的企业财务指标有：偿债能力指标、运营能力指标、盈利能力指标、发展能力指标（见图2-7）。

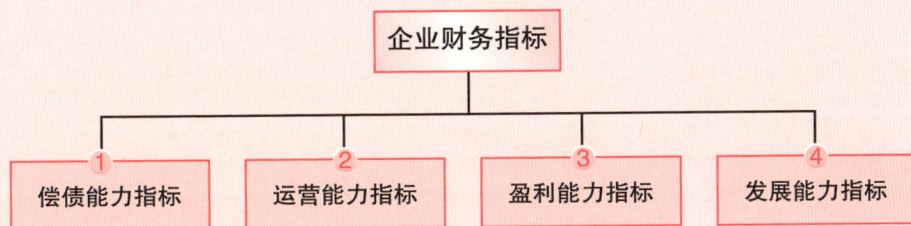

```
                    企业财务指标
        ┌───────────┬───────────┬───────────┐
     ①          ②          ③          ④
   偿债能力指标   运营能力指标   盈利能力指标   发展能力指标
```

图2-7 企业财务指标

一、偿债能力指标

偿债能力指标是指企业在债务到期时的偿还能力，包括短期债务偿还能力和长期债务偿还能力两部分，是衡量企业当前财务能力的重要标准。企业资金充足，可以轻易偿还到期债务，说明企业的财政处在健康的运行状态。如果企业无法偿还到期的财务，说明企业的现金流紧张，已经处于不健康的经营状态，需要引起经营者的警惕，尽快扭转财政紧张的不利局面。企业的偿债能力，从静态视角来看，是企业目前财政状况的直观体现；从动态的角度来看，是企业经营状况、盈利能力的具体表现。这一指标是衡量企业是否健康发展的关键。

二、运营能力指标

运营能力指标是指企业在一定的市场环境下，通过对内部资源的调动、配置、组合从而提升生产效率，对实现既定的财务目标产生积极的能力的指标。这项指标由人力资源运营能力指标和生产资料运营能力指标两部分组成（见图2-8）。

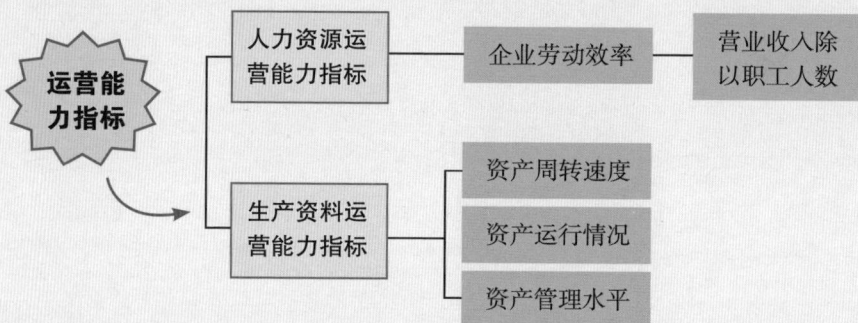

图2-8　运营能力指标

人力资源运营能力指标是通过企业劳动效率指标来体现的，是指企业的营业收入或净产值除以企业职工人数而得出的比值。通过将当期劳动比率与企业历史同期或计划预期或同行业生产效率的比较，可以体现出企业的人力资源运营能力的情况。

生产资料的运营能力是指企业的总资产及其各个要素的运营能力，企业生产资料运营能力的情况取决于资产的周转速度、运行情况和管理水平。

企业资产的周转速度主要取决于资产的周转率和周转期这两个指标。周转率是指企业资产在一定时期内的周转次数，其数值是由企业在一定时期内资产的周转额除以平均余额而得出，资产的周转次数越多表明企业资产的周转速度越快，企业的运营能力也就越强。周转期则是指企业资产周转一次所需要的天数，周转期越短，说明企业的周转速度越快，其运营能力也就越强，其数值由周转天数除以周转次数得出。老板可以根据企业流动资产周转情况、固定资产周转情况、总资产周转情况等分析企业的经营状况。

三、盈利能力指标

盈利能力就是企业赚取利润的能力，是企业经营状况好坏与否的直观表现。盈利能力指标主要包括营业利润率、成本费用利润率、盈余现金保障倍数、总资产报酬率、净资产收益率和资本收益率六项。

四、发展能力指标

发展能力是指企业在市场竞争中得以生存的基础之后，在未来的时间中扩大生产经营规模，发展壮大企业实力的潜在的能力，是对企业未来发展潜力的一个预期。要想知道企业在今后的发展潜力，老板一般可以从以下八个指标来进行分析：营业收入增长率、资本保值增值率、资本积累率、总资产增长率、营业利润增长率、技术投入比率、营业收入三年平均增长率和资本三年平均增长率。

> **案例**

亮眼的财报

宏光玻璃厂是一家乡镇企业，从生产普通的玻璃起家，在老板刘强的带领下不断研发新的产品，逐步扩大生产规模——从单一产品的生产发展到特殊玻璃以及玻璃相关产品的生产。企业效益也连年增长，不管是净利润还是企业总资产都连年上涨。归国华侨王先生想在家乡入股一家企业安度晚年，在多家有意向企业提交上来的财报中王先生被宏光玻璃厂的财报所吸引。企业利润连年增长，企业资产也不断扩大，企业每年在产品科技研发上的投入也占了企业利润相当的比例，企业的偿债能力、运营能力、盈利能力、发展能力都获得了王先生的青睐。王先生果断将资金投入宏光玻璃厂。在王先生资金的助推下，宏光玻璃厂生产能力得到了提升，产品技术含量进一步提高，市场竞争力愈发加强，双方合作实现双赢。

老板轻松读金融（全彩图解版）
——一本书读懂公司金融学

> **老板日记**

给自己的公司把脉

　　作为一个具有管理水平的老板，必须要学会给自己的公司把脉，时刻关注自己企业的经营状况和发展前景。而这一切，都是可以通过财务部门提交的财务指标得出的。财务指标就好像我们在医院中的一些化验诊断报告一样，对企业的整体运营状况予以详细的说明。老板必须对这些数据指标的概念和含义了如指掌，才能在第一时间掌握企业的动向，对企业的经营做出行之有效的指示，确保企业在正确的路上稳步前行。

了解企业涉及的各种税收

　　税收是国家为了实现公共财政职能和目的而在政治权力和法律的基础上面向全国居民和企业就其特定的财产和特定的行为强制征收的金钱或实物，是国家财政最主要的收入来源。税收本着取之于民用之于民的原则，具有无偿性、强制性和固定性的特征。国家根据不同的行业和不同的财产性质，制定不同的税种。作为市场经营中的企业，与其相关的具体有增值税、消费税、城建税、教育费附加、印花税、城镇土地使用税、车船税、企业所得税以及代缴个人工资所得税等税种（见图2-9）。

增值税	增值税是国家对商品在流转过程中产生的增值额征收的一种税
消费税	消费税是指在中华人民共和国境内，从事生产、委托加工和进口应税消费品的单位和个人，所取得的销售收入而征收的一种税
城建税	城市维护建设税是我国为了加强城市的维护建设资金而征收的一种税
教育费附加	教育费附加是为了发展地方性教育事业、扩大地方教育经费而向企业征收的一种税
印花税	印花税是国家对在经济活动和经济交往中设立、领受具有法律效力的凭证的行为所征收的一种税
城镇土地使用税	城镇土地使用税是按规定税额对拥有土地使用权的单位和个人征收的一种资源税
车船税	车船税是企业在保有车辆、船舶时需要根据相关规定缴纳的税种

企业所得税	企业所得税是对我国内资企业和经营单位的生产经营所得和其他所得征收的一种税
个人所得税代缴	企业一般在发放工资时会代为扣除职工的个人所得税，代为上交税务部门

图 2-9　企业所要缴的税

一、增值税

增值税是国家对商品在流转过程中产生的增值额征收的一种税收，实行有增值才征税，没增值不征税的原则。增值税是我国最主要的税种之一，是我国最大的税种，其主要征收对象是在中华人民共和国境内销售货物或者提供加工、修理修配劳务以及进口货物的单位和个人。增值税由国家税务局负责征收，税收收入中 75% 为中央财政收入，25% 为地方收入。进口环节的增值税由海关负责征收，税收收入全部为中央财政收入。

增值税的税率设置为两档，即 17% 的基本税率和 13% 的低税率。两档税率的适用范围按货物、品种划定，而不以流通环节划定。对于兼营不同税率的货物或应税劳务，应适用不同的税率计税，但如果纳税人不能分别核算销售额，或者不能准确提供销售额的话，则一律按 17% 的税率征税。

二、消费税

消费税是指对在中华人民共和国境内，从事生产、委托加工和进口应税消费品的单位和个人所取得的销售收入而征收的一种税。

消费税是以特定消费品为课税对象所征收的一种税，属于流转税的范畴。在对货物普遍征收增值税的基础上，选择少数消费品再征收一道消费税，目的是为了调节产品结构，引导消费方向，保证国家财政收入。

三、城建税

城市维护建设税是我国为了加强城市的维护建设，扩大和稳定城市维护建设资金的来源，而对有经营收入的单位和个人征收的一个税种。城建税的征收范围包括城市、县城、建制镇以及税法规定征收"三税"的其他地区。城市、县城、建制镇的范围，应根据行政区划作为标准。城建税的计税依据是指纳税人实际缴纳的"三税"之和。

城建税的税率，是指纳税人应缴纳的城建税与纳税人实际缴纳的"三税"税额之间的比例。实行差别比例税率，即按照纳税人所在地的不同，实行三档地区差别比例税率，具体如下（见图2-10）。

1. 纳税人所在地为城市市区的，税率为7%。

2. 纳税人所在地为县城、建制镇的，税率为5%。

3. 纳税人所在地不在城市市区、县城或者建制镇的，税率为1%。

实际缴纳的"三税"税额之和 × 适用税率 = 城建税应纳税额

图 2-10　城建税税额的计算

四、教育费附加

教育费附加是对缴纳增值税、消费税、营业税的单位和个人征收的一种附加费。其作用是发展地方性教育事业，扩大地方教育经费的资金来源。

以纳税人实际缴纳的增值税、消费税、营业税的税额为计费依据，按这些税费总额的3%收取。凡缴纳增值税、消费税、营业税的单位和个人，均为教育费附加的纳费义务人。凡代征增值税、消费税、营业税的单位和个人，亦为代征教育费附加的义务人。

五、印花税

印花税是国家对在经济活动和经济交往中设立、领受具有法律效力的凭证的行为所征收的一种税。因采用在应税凭证上粘贴印花税票作为完税的标志而得名。印花税的纳税人包括在中国境内设立、领受规定的经济凭证的企业、行政单位、事业单位、社会团体、其他单位、个体工商户和其他个人。

六、城镇土地使用税

城镇土地使用税是以开征范围的土地为征税对象，以实际占用的土地面积为计税标准，按规定税额对拥有土地使用权的单位和个人征收的一种资源税。

城镇土地使用税的纳税义务人：拥有土地使用权的单位和个人是纳税人；拥有土地使用权的单位和个人不在土地所在地的，其土地的实际使用人和代管人为纳税人；土地使用权未被确定的或权属纠纷未被解决的，其实际使用人为纳税人；土地使用权共有的，共有各方都是纳税人，由共有各方分别纳税。

城镇土地使用税采用定额税率，即采用有幅度的差别税额。按大、中、小城市和县城、建制镇、工矿区分别规定每平方米城镇土地使用税年应纳税额。城镇土地使用税每平方米年税额标准为：大城市 1.5 ～ 30 元；中等城市 1.2 ～ 24 元；小城市 0.9 ～ 18 元；县城、建制镇、工矿区 0.6 ～ 12 元。

七、车船税

车船税是指对在我国境内应依法到公安、交通、农业、渔业、军事等管理部门办理登记的车辆、船舶，根据其种类，按照规定的计税依据和年税额标准计算征收的一种财产税。企业在保有车辆、船舶时需要根据相关规定缴纳这一税种。

八、企业所得税

企业所得税是对我国内资企业和经营单位的生产经营所得和其他所得征收的一种税。企业所得税纳税人即所有实行独立经济核算的中华人民共和国境内的内资企业或其他组织，包括以下六类：（1）国有企业；（2）集体企业；（3）私营企业；（4）联营企业；（5）股份制企业；（6）有生产经营所得和其他所得的其他组织。

九、代缴个人工资所得税

工资、薪金所得，是指个人因任职或受雇而取得的工资、薪金、奖金、年终加薪、劳动分红、津贴、补贴以及与任职或受雇有关的其他所得。这就是说，个人取得的所得，只要是与任职、受雇有关，不管其单位的资金开支渠道或以现金、实物、有价证券等形式支付的，都是工资、薪金所得项目的课税对象。企业一般在发放工资时会代为扣除职工的个人所得税，代为上交税务部门。

> **案例**

小张报税

小张是公司的财务，今天又到了公司报税的日子了，一上班她就开始整理自己的账目，计算这个月公司应缴的税款，其中营业税和增值税因为国家开启了营改增改革，所以这两个税种可以拿到一块儿来算了，这给小张省去了不少的麻烦；另外，在这个月，企业为了公司人员外出的需要，新购置了两辆轿车，需要为这两辆车交车船税；还有员工工资的个人所得税也需要企业代缴，也是小张需要上报的税收。此前在企业年检期间，小张还缴纳过城建税、城镇土地使用税、教育费附加等税费。这一桩桩一件件都记在了小张的心里，每次报税的时候都要在心中过一遍，生怕落下某一项。

> **老板日记**

交够国家的，剩下才是自己的

依法纳税是每一个企业和公民应尽的义务。作为企业的老板一定要把纳税观念放在第一位，了解与企业相关的税收，根据自己企业的实际情况缴纳相应的税收，在为国家经济建设做出贡献的同时获得自己应得的财富，做对国家和人民有贡献的优秀企业。

查看企业的财务平衡状况

　　财务平衡是企业健康发展的前提，盲目地投资与扩张，必然会打乱企业收支的平衡，导致企业现金流的紧张。在风起云涌的市场竞争中，企业很容易面临突如其来的冲击，如果企业财务不平衡，抗风险能力不强，必然会被市场所淘汰。企业老板必须时刻关注自己企业财务的平衡和健康，为企业在市场中生存打下坚实的基础。总体来说，不管从哪方面来衡量，都是围绕企业的盈利性与企业的财务安全这两个要素展开的（见图2-11）。

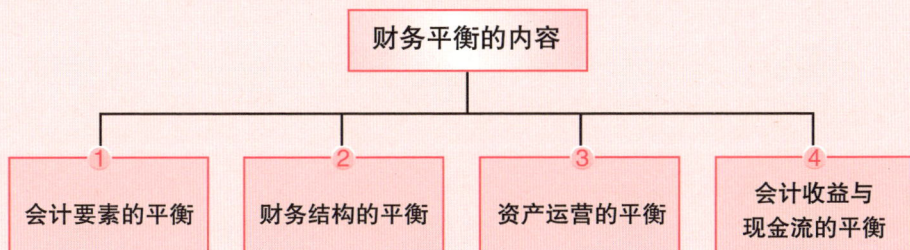

```
                    财务平衡的内容

   ①              ②              ③              ④
会计要素的平衡    财务结构的平衡    资产运营的平衡    会计收益与
                                               现金流的平衡
```

图2-11　财务平衡的内容

一、会计要素的平衡

　　会计主要包括六大要素，分别是资产、负债、所有者权益、收入、费用和利润。资产、负债、所有者权益代表着企业在一定的时间点上企业财务的运行情况。在这一组要素中，它们的关系是企业的负债加上所有者权益等于企业的资产；收入、费用和利润反映企业在一定时期内的经营成果及其分配的要素，它们的关系是收入减去费用等于利润。这两组关系构成了会计要素之间的平衡关系，每一个数值发生变化都会对其他的要素产生影响。所以在会计工作中，账目中每一个要素的变动都会影响其他要素的结果，影响原来等式的平衡，确保了账目的真实有效。

二、财务结构的平衡

企业的财务结构合理与否直接决定着企业各生产要素的合理运转。在企业的财务结构中，通过各结构性因素的不同组合，可以实现企业效率和价值的最大化，使企业能以最小的成本代价而获得最大的盈利收入。而财务结构的平衡就是要把企业财务各方面的要素保持在这个使企业盈利最大化的状态之中。

三、资产运营的平衡

资产运营的平衡体现在企业的盈利性与相应承担的危险性之间的平衡。一旦企业的资金运营打乱了这一平衡，企业的安全就会受到威胁，面临被市场吞噬的危险。一般而言，大量借贷资本进入企业的运营，虽然可以增加企业资金的流动性，但是随之而进入的还有风险因素，所以企业的财务结构中必须要保持盈利与风险平衡的状态。

四、会计收益与现金流的平衡

利润与现金是企业经营中重要的组成部分，也是企业财务报表中的重要内容，这两部分能否实现平衡体现着企业的经营是否处于健康状态。

从这两个数据的定义来看，利润反映着企业经营的结果，是企业的收入减去相应的成本费用后的差额，反映着企业的盈利能力。而现金则是企业实际收付为基础计算出的现金流入与流出的的差额，前者是企业理论上的盈利收入，而后者则是企业实实在在的盈利收入。从质量上来看，现金流的收益相比于会计收益显得更加真实，是企业在市场上生存能力最真实的体现，也是企业在市场中最值得依靠的实力。但企业的收益直接体现着企业的盈利能力，过度强调现金流的充足必然会影响企业经营的运行效率，降低会计收益的增长，而如果放任会计收益的增长，必然会增加企业资本危险性的增加，所以作为企业老板，必须要努力做到会计收益与现金流的平衡。

▶案例

万宝争夺战

2016 年最吸人眼球的金融新闻莫过于万科与宝能之间关于万科控股权的争夺战了。这起事件中传达出来的关于企业财务平衡的问题也值得每一家企业老板深思。

万科作为房地产企业的明星企业，其优良的业绩吸引着每一个战略投资者。万科的股权结构相对来说比较分散，作为万科创始人的王石及其管理团队并没有持有相当规模的股权，华润集团一直作为万科的大股东与管理层默契合作，相安无事。这一状态直到宝能系的出现其危机才瞬间凸现出来。相对较少的股权让万科管理层随时面临着失去企业的危险，虽然各盟友都支持管理层，但这些股权加起来还是无法获得对宝能系的压倒性优势，导致出现控股权争夺战。

如果当时万科管理层能够想到今天企业面临的危险，为自己多留一些股权，在市场上少投放一些股权，宝能系也就无法取得如此多的股权，这不能不说是在万科企业财务平衡性上的失策，值得每一家企业深思。

▶老板日记

安全是利润的前提

作为企业的老板，财务安全的警钟要长鸣，时刻提醒自己，公司的一切决策战略一定要以财务安全为前提，只有在财务安全的前提下才能谋取企业的进一步发展，才能通过各种战略方针发挥企业的潜力和优势，实现盈利和企业的增值，增强企业的竞争力，在市场中立于不败之地。

第 3 章

市场调查：
读懂企业外部的金融形势

这一章我们主要来讲外部金融市场对于企业产生的影响。作为企业的老板，要知道，外部金融形势的风吹草动都会对企业的经营发展产生重要的影响。这些因素包括国际宏观金融、国家的金融政策、行业市场的变化以及企业内部的金融关系等。作为企

本章教你：
- ▶国际宏观金融市场和企业发展
- ▶紧扣国家政策带来的金融变化
- ▶解读市场变化对企业的影响
- ▶读懂股利对企业的意义

业老板，一定要时刻注意这些金融因素的变化，为可能出现的市场波动做好准备。

国际宏观金融市场和企业发展

　　国际宏观金融是在研究以货币为媒介基础作用的情况下，在交换经济活动中如何实现高就业、低膨胀的经济状态以及国际收支平衡和健康成长的金融学科。在这一学科基础上衍生出来的国际金融市场对于全球经济的发展有着重要的影响，对全球生产资料的配置起着作用。在经济全球化的今天，我国的企业必然要面对国际金融市场的冲击，但与此同时，这里面也为我国的企业带来了诸多的机遇，为企业的发展壮大提供许多帮助。所以我国企业要在应对外部金融市场冲击的同时，积极借鉴和引入其有利的一面，在风起云涌的国际市场中发展和壮大自己。

一、什么是国际金融

　　国际金融是指不同的国家或地域之间因为经济、政治或文化的交流而产生的货币交换的金融行为，它主要由国际收支、国际结算、国际信用、国际投资以及国际货币体系构成（见图3-1）。在这些要素的支持上，不同的国家和地域可以根据自己的需要展开各种金融活动。这些要素之间相互制约又相互支撑，保障着国际间的金融活动正常开展进行，比如国际收支是产生国际汇兑和国际结算的前提，而货币汇率又会对国际收支产生重要的影响。

　　国际金融有别于我们国内金融的地方在于国际金融由于各个国家的经济政策和国际政策的差异，导致各国在国际贸易中有着各种不同的要求和制度，这就要求交易双方必须在当事国政策范围内展开交易，根据不同的国家和不同的情况对交易方式进行特殊的处理。虽然在国际贸易中有一些诸如世贸组织这样的国际组织制定一些国际贸易规则，但在具体的金融交易细节上还是根据不同的国家发生不同的情况，需要交易双方妥善处理。而国内交易因为有统一的经济政策法规规范，也就不存在上述的问题。

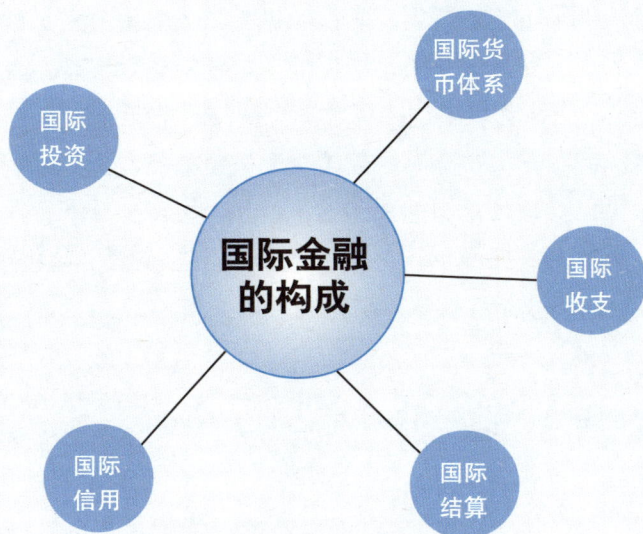

图 3-1　国际金融的构成

　　虽然在交易中面临这样或那样的问题，但总体来说国际金融还是为经济全球化的发展做出了重要的贡献，发挥了重要的作用。比如国际金融市场促进了国际分工，推动了市场的国际化；扩大了金融贸易的范围和规模，使国际间合作成为可能；有效配置了全球资本，使全球金融资本为全球经济的发展发挥了最大的效率和作用；拉近了各国之间的关系和贸易频率，促进了经济全球化的形成。

二、国际金融对公司发展的影响

　　国际金融对企业来说既是挑战也是机遇。企业在面临国内竞争的同时也面临着国际竞争对手的竞争，所以当企业走出国门迈入国际市场的时候，其面对的市场压力将大大超出国内市场，企业时刻面临着国际大企业对市场的抢夺和压制，所以企业必须练好内功，提高自己产品的质量，降低自己生产的成本，优化自己企业的管理，提升自己的整体竞争力。只有自身强大了，才有实力去国际市场与国外同行一较高下。同时，国际市场也为我们的企业提供了绝佳的机遇，这种机遇在国内市场中是很难遇到的。走出国门，预示着企业面对的市场将更加广大，赚钱的机会将大大提升。另外，国际金融市场中强大的资金流动为企业的发展提供了绝佳的资金支持，企业在保证自身安全的基础上可以大力吸引这些资金，为企业的发展插上腾飞的翅膀。

国际市场就像一块试金石，你的企业质量如何，到国际市场转一圈就见分晓了。如果自身过硬，自然赚得盆满钵满；如果自身不行，能不能全身而退都两说。所以说，残酷的国际市场逼着我们的企业必须提高自己的能力，在经济全球化的当今站稳脚跟，获得发展（见图3-2）。

图 3-2　如何提升国际竞争力

> **案例**

走出去的华为

华为是我国著名的通信设备生产厂商，公司于1987年在深圳注册成立。企业在成立之初只是香港通信企业在内地的销售代理，没有自己的产品，没有自己的研发。华为从零开始走上了创业之路，在发展过程中审时度势，准确把握了中国通信行业发展的脉搏，逐步提升自己的实力，产品从无到有，研发团队不断壮大，逐步占领中国通信器材市场，通过出色的经营方法和过硬的产品品质最终在中国通信器材领域占领了自己的市场份额。在国内发展壮大后，华为将目光投向国际市场。从1998年开始，华为开始将市场延伸到欧美等西方发达国家。于此同时，华为不断加大自己科技研发的投入，使得产品技术处在同行业领先的水平。即使是在国际市场上，华为的产品也经受住了考验，成功占领了国际通信器材市场。华为成为我国企业走出去的成功案例。

2016年4月1日，华为发布2015年全年业绩。数据显示，2015年实现全球销售收入3950亿元人民币（608亿美元），同比增长37%；净利润369亿元人民币（57亿美元），同比增长33%。成功晋升为全球第三大手机生产商，占据全球市场份额的7.4%，仅次于三星公司的23%和苹果公司的16%。

国际市场是广阔的，企业应该发展壮大自己，到国际的惊涛骇浪中展示自己的实力。

▶老板日记

挑战与机遇并存

企业的外部金融环境是不由企业控制的，企业能做的只有不断提高自己的实力，努力适应和利用外部环境发展壮大自己，在市场中把握自己的命运，掌握经营的主动权。

国际市场相比于国内市场更加凶险，企业必须让自己无比强大才能抵御外部风险的冲击。只有在这个前提下才能谈得上在挑战中寻找机遇，让自己的企业发展到一个新的高度。作为企业老板，一颗叱咤风云的雄心是要有的，国际市场是充满挑战，但别人能去的，我为什么不能去？但在出去之前先要做好充分的准备，提高自己的前提下分析外部环境对自己企业产生的影响，避其风险，用其机遇，在广阔的国际市场展示自己的雄姿。

紧扣国家政策带来的金融变化

　　国家为了调控经济的合理发展，在必要的时候会对市场进行干预，运用宏观调控政策把走偏的经济方向拉回到正常的轨道，而金融政策往往是国家实现这一目标的重要手段。国家宏观调控经常用到的金融政策包括货币政策、利率政策和汇率政策（见图3-3）。作为企业，必须时刻关注国家政策的导向，根据国家政策的调整来调整自己的企业的生产经营，努力跟上国家政策调控的步伐，使企业健康稳定地发展。

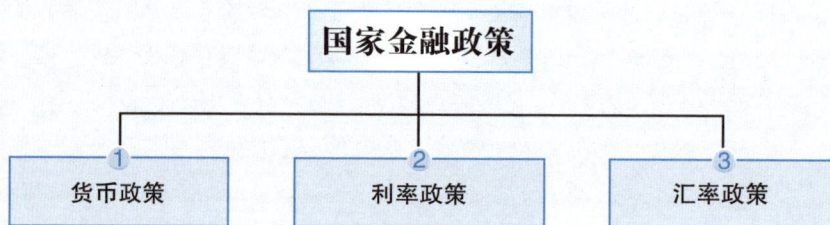

图 3-3　国家金融政策的内容

一、货币政策

　　货币政策是指中央银行为了实现政府制定的生产目标，利用各种金融工具来调节市场走向，进而影响民间资本的投资和行业的生产，从大的方向上对市场进行调整的行为。国家货币政策实现的金融工具包括法定准备金率、公开市场业务和贴现政策（见图3-4）。

　　存款准备金是指为了能够满足客户提取存款和资金清算的需要，各金融机构事先准备的资金。金融机构按照相关规定向中央银行缴纳存款准备金以保证客户能够提取存款的需求，其向中央银行提交的资金所占本身存款总额的比率就是存款准备金率，后来这一行为演化为一种金融工具，中央银行通过调整存款准备金率来控制货币的供应量。

```
            ┌──────────────┐
            │   货币政策     │
            └──────┬───────┘
        ┌──────────┼──────────┐
    ①           ②           ③
┌──────────┐ ┌──────────┐ ┌──────────┐
│ 法定准备金率│ │ 公开市场业务│ │  贴现政策  │
└──────────┘ └──────────┘ └──────────┘
```

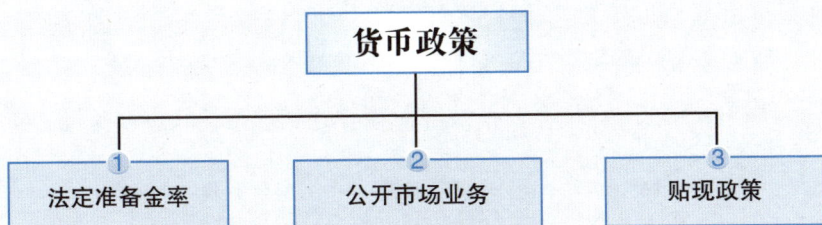

图 3-4　货币政策的分类

公开市场业务是指中央银行通过与指定交易商进行有价证券和外汇的交易来达到调控货币数量、调节市场流动性的目的。在我国公开市场业务包括人民币操作和外汇操作两部分。1999 年以来，公开市场操作已成为中国人民银行货币政策日常操作的重要工具，对于调控货币供应量、调节商业银行流动性水平、引导货币市场利率走势发挥了积极的作用。

贴现政策指的是中央银行通过变动自己对商业银行所持票据的贴现率来影响市场上货币流通的数量，以此来调整经济的总体走向。

从对国民经济产出影响的角度，我们可以把国家的货币政策分为扩张性货币政策和紧缩性货币政策两类。扩张性货币政策适用于经济萧条时期，在这一时期中央银行会降低利率，增加货币的供给，刺激出口，增加需求，拉动经济的发展。而紧缩性货币政策则是在经济过热、通货膨胀严重时使用，这一情况下中央银行往往会提高利率，减少货币的供给，抑制投资和消费，减缓经济增长的步伐，控制物价水平，保持市场的稳定。

不管国家采取什么样的货币政策，其目的就是要达到稳定市场物价、提高就业率、促进经济增长、保持收支平衡的目的。

二、利率政策

利率是指在金融借贷业务中一定时期内的利息与借贷资金之间的比率，代表着借贷资金需要付出的代价。从时间上来看，利率包括年利率、月利率、日利率等。根据不同的标准，利率又可以分为法定利率和市场利率、短期利率和中长期利率、固定利率和浮动利率、名义利率和实际利率等种类。

利率政策是中央银行根据不同的市场形势利用利率进行的市场调节政策。通过利率政策的调整，中央银行可以向市场传达政府对于当前经济形势的判断，调控经济的运行状况，使经济的运行达到理想的状态（见图3-5）。

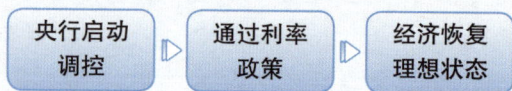

图 3-5　利率政策的运用

中国人民银行采用的利率工具主要包括对中央银行基准率的调整，对金融机构法定存款利率的调整，对金融机构存贷款利率浮动范围的调整以及对利率结构和档次的调整。利率上调时，社会资金都会存到银行，有助于吸收存款，抑制货币的流动性，从而达到抑制投资热度、控制通货膨胀、稳定物价水平的目的；当利率下调时，人们的钱存在银行中已经无法获得较高的收益，就会把钱从银行取出来进行各种投资，低利率也吸引需要资金的人积极从银行获取贷款，这样就有助于刺激贷款需求，刺激投资，拉动经济增长。利率这个经济杠杆使用起来要考虑它的利弊，在什么时间、用什么幅度调整都是要分析考量的。利率政策的运用得当与否考验着政府宏观调控的智慧。

三、汇率政策

汇率政策指政府通过调整本国货币汇率的升降来控制本国的进出口及资本的流动，以此来达到国际收支均衡的目的。在实际操作中，一国的汇率制度目标确定往往受到很多因素的制约，也可能会根据实际情况而进行调整，但无论如何，在某一阶段，一国的汇率制度的目标总会相对固定。

汇率政策主要包括汇率政策目标和汇率政策工具。汇率政策工具主要有汇率制度的选择、汇率水平的确定以及汇率水平的变动和调整。我国实行的是以市场供求为基础、参考一篮子货币价格、有管理的浮动汇率制度。过去10年里，人民币汇率基本稳定，促进了中国经济发展和改革开放，同时也为维护亚洲乃至世界金融和经济的稳定做出了贡献。

> **案例**

宏观调控利器

利率调控一直是我国对经济宏观调控的主要手段。改革开放以来，中国人民银行完善了利率调控的机制，调整了利率的水平与结构，让利率调控在宏观调控中的作用越来越大，成为政府调控经济的重要杠杆。

1993年5月和7月，中国人民银行针对当时经济过热、市场物价上涨幅度持续攀高的现象，两次提高了存、贷款利率；1995年1月和7月又两次提高了贷款利率。这些调整有效控制了通货膨胀和固定资产投资规模。1996年5月和8月以及1997年10月和1998年3月，针对我国宏观经济调控已取得显著成效、市场物价明显回落的情况，央行又适时四次下调存、贷款利率，在保护存款人利益的基础上，对减轻企业——特别是国有大中型企业——的利息负担，促进国民经济的平稳发展产生了积极影响。

> **老板日记**

紧跟国家的步伐

国家采取什么样的金融政策，是国家站在宏观的角度在审视经济发展状况后做出的战略性调整，是一个大的总体性的方向。这一政策只会对全国的经济发展产生积极的影响，而对企业的影响就要看企业的发展方向是否与国家政策一致了。比如国家在制定一项政策时，你的企业生产运行在相反的方向上，那你的企业必然会在调整中遭受损失。但是在全国经济层面来看这样的政策是有利的，国家也不可能因为个别企业的需求而改变政策，所以企业必须时刻关注国家的金融政策，紧跟国家的步伐，发展自己的企业。

解读市场变化对企业的影响

　　企业要在市场中生存，必须要时刻关注市场中各种各样的变化，根据市场的变化及时调整自己的经营和金融策略，保证企业的发展战略和经营状况赶上市场变化的步伐，顺应市场规律，将企业的有限资产发挥最大的效率。为了达到上述目标和效果，企业必须认真分析解读市场，对市场的变化做出正确而及时的判断。

一、时刻关注市场的变化

　　市场是企业生产经营的导向，这是亘古不变的道理。作为企业的管理者，必须时刻关注市场的变化，根据市场的变化转变自己企业的经营方向和方式，及时做出调整就能更加迅速地跟上市场的步伐。

　　这个道理很简单，几乎每个企业的经营者都懂得，但是真能在生产经营中做到这一点的老板却屈指可数。我们看到的大多数人是对市场的反应迟钝，市场的风向早就变了，他们却还固守着之前的经营理念，使企业越陷越深，最终走向倒闭的边缘。所以我们在经营自己的企业时一定要与时俱进，眼观六路，耳听八方，时刻关注市场的风吹草动，敏锐把握商机（见图3-6）。

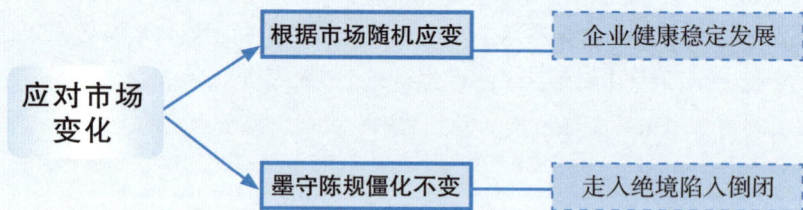

图 3-6　应对市场变化

过去的只代表过去，这一点作为老板必须要记住，也许你曾经顺应了市场的步伐，企业取得了暂时的成功，但是作为企业的掌舵人，切忌躺在之前的成功里不愿醒来，自己编织着一切还是之前那样的谎言骗自己。你必须积极接触新鲜的东西，发现新的给你企业带来盈利的机遇，积极尝试新的东西，为企业的长远发展不懈努力。

跟随市场的脚步，你必须时刻了解市场的最新动态，关键是要根据市场新的变化不断地调整自己的经营理念，更新换代自己的产品。不断根据市场的需要优化自己的管理模式和经营理念，制定符合市场需要的营销方法，让自己的产品和销售始终做到快人一步，做到别人刚刚发现这一商机的时候你的产品已经上市，当别人一窝蜂扑向这一新项目的时候你已经赚足了资本去开辟新的项目去了。这才是每一个老板时刻关注市场变化应该达到的目标。

二、需要抓住的市场机会

市场是一个复杂而又敏感的社会组织形态，这其中包含着大量的机会，但这些机会往往都稍纵即逝，作为企业的老板只有抓住这稍纵即逝的机会，才能够给自己的企业带来发展的机遇和源源不断的利润。我们静下心来冷静分析市场中的这些机会，可以看到这些机会有着各自的特点。作为企业的老板，必须要认清这些机会各自的特点，才能抓住机会、利用机会，为企业发展打下坚实的基础（见图3-7）。

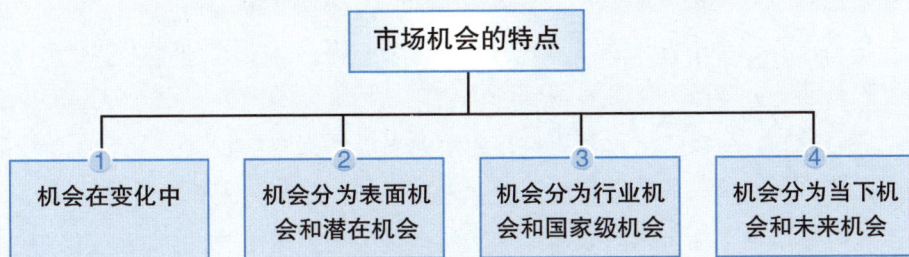

```
                    市场机会的特点

  ①              ②              ③              ④
机会在变化中   机会分为表面机   机会分为行业机   机会分为当下机
             会和潜在机会     会和国家级机会   会和未来机会
```

图3-7 市场机会的特点

首先，机会存在于变化之中，只有周围的环境发生变化，才会催生给企业盈利的机会。作为企业的营销部门，必须在这些变化中根据企业自身的特点找到适合企业自身发展的机会，根据环境变化催生出的新的市场需要选择符合自身特点的机会加以利用，创造新的利润价值。

其次，机会可以分为表面机会和潜在机会两种类型。表面机会就是指那些容易被人发现的机会。虽然市场当前对于这种机会产生的价值还是需要的，但是其潜力不足，因为容易被发现，所以这一领域很容易吸引过多的投资者来满足市场的需要。只有那些潜在的机会才是企业老板应该努力发现和倍加珍惜的机会。如果你抓住了这样的机会你就抢得了市场的先机，当别人发现这一机遇的时候你早已占领了这一领域的制高点。如此一来你想不赚钱都难，这样的机会带给你的企业的利润是巨大的。在这样的机遇的带动下，你的企业的发展将会一片光明。

再次，市场中的机会还可以根据企业所处的不同生产领域而分为行业性机会和边缘性机会两种类型。行业性机会就是企业所处的本行业内部出现的可以给企业带来利润的机会，这类机会在行业内被大家熟知，也容易被人们发现。由于行业内部的竞争使得行业的剩余的盈利空间已经接近于饱和，所以这样的机会给企业带来的利润和发展前景有限。作为企业的老板在抓住这样的机遇的同时，还要注意发现行业边缘的机会。边缘性机会与本行业存在关联，但是又有着本行业机会所不具备的新的发展机遇，如果抓住往往能给企业带来意想不到的发展机遇，带来超出想象的超额利润。

最后，我们再来说一下当下的机会和未来的机会。当下的机会就是指现在的、眼前的、大多数人都能看得到的机会。这种机会的质量一般，因为大多数人都能看得到，所以其价值有限。作为企业老板，关键是要通过眼下的情形看到未来的机会。未来的机会有隐秘性和迷惑性，不是所有人都能看到这样的机会，只有对市场了如指掌的人才能从蛛丝马迹中把握这样的机会。与之对应的是，这样的机会也会给企业发展带来重要影响，成为企业发展的重要推动力。

如果有可能，老板们要尽量去发现和利用这样的机会，为自己企业的发展寻找方向。

> **案例**

牛仔裤的商机

100多年以前，美国的加利福尼亚发现了金矿，全世界的淘金者都蜂拥至此，每个人都做着一夜暴富的美梦。这其中有一个名叫李维·施特劳斯的小伙子。淘金成功者毕竟在少数，大部分人都空手而归。施特劳斯的运气也不怎么好，看来靠淘金发财的可能性是不大了。

极具商业头脑的李维并没有放弃自己追逐财富的梦想。

李维发现淘金者居住的地方离市镇太过遥远，购买日用品非常困难，那么，在淘金者居住的地方开一个商店生意一定很不错。想到这里，李维拿出自己所有的积蓄开了一家商店。开业后生意非常好，李维很快就收回了成本。后来李维又采购一大批搭帐篷、马车篷用的帆布，但是无人购买。李维本来以为帐篷是人们的必需品，却没想到竟然无人问津，他非常沮丧。一位淘金工人迎面走来，注视着帆布。李维连忙高兴地迎上前去，热情地问道："您是不是想买些帆布搭帐篷？"那工人摇摇头："我不需要再搭一个帐篷。我需要的是像帐篷一样坚硬耐磨的裤子，你有吗？""裤子？为什么？"李维·施特劳斯惊奇地问道。那工人告诉李维，淘金的工作很艰苦，衣裤经常要与石头、砂土磨擦，棉布做的裤子不耐穿，几天就磨破了。"如果用这些厚厚的帆布做成裤子，肯定又结实又耐磨，说不定会大受欢迎呢！"淘金工人的话让李维·施特劳斯产生了想法。反正这些帆布也卖不出去，何不试一试做裤子呢？李维用厚帆布效仿美国西部的一位牧工杰恩特制了一条式样新奇而又特别结实耐用的棕色工作裤，向淘金者们出售。

1853年，第一条后来被称为"牛仔裤"的帆布工装裤在李维·施特劳斯手中诞生了，当时它被工人们叫作"李维氏工装裤"。

> 老板日记

把握机会很重要

认真经营发展企业很重要，但更重要的是把握机遇。市场不缺乏机遇，缺乏的是发现机遇的眼睛。一个好的机遇，可以让一家企业获得突飞猛进的发展，而错失一个机遇，有可能错失的就是企业的未来。机遇在市场的变化中出现，有好的机遇，有不好的机遇，有容易实现的机遇，也有不容易实现的机遇。这一切都考验着老板的能力。所以作为老板，要不断学习，敏锐把握市场中的机遇，为了自己企业的发展抓住那些有潜力的、能为企业带来超额利润的机遇。

读懂股利对企业的意义

股利就是股份公司发放给股东的利润，通常由股息和红利组成。股息是指股份公司在年终的时候按照之前的出资比例或持有的股份分配给股东的盈余。而红利则是除了股息以外根据盈余的多少向股东分配的盈余。股息的股息率是固定的，而红利的红利率则是不固定的。股利的发放，代表着股东在投资上的回报，发放的多少证明企业过去一年的营业状况。

一、股利的种类和发放方式

股利一般在期末结算完成后，由股东大会通过结算方案和利润分配方案后进行发放。有的企业股利一年中要派发两次，中期派息是以上半年的赢利情况为基础，同时也考虑下半年的经营情况，保证下半年不至于亏损。所以在股利的派发上股东在考虑眼前利益的同时也要考虑企业长远的发展，只有企业不断地向前发展，股东的利益才能最大化。股利的发放方式主要包括现金股利、股票股利、财产股利和建业股利（见图3-8）。

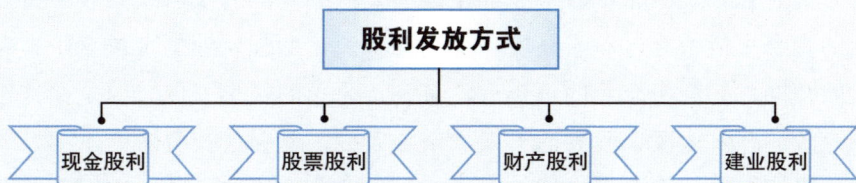

```
                  股利发放方式

现金股利      股票股利      财产股利      建业股利
```

图3-8 股利的发放方式

现金股利，也称之为派现，是股份公司以现金的方式向股东发放的股利。

股票股利是指股份公司以增发股票的方式向股东发放的股利。这种发放方式也被称之为送红股。通常按照股东的持股比例来发放，实际上是股东变相地增加了投资。

　　财产股利是指股份公司以实物或有价证券的形式向股东发放的股利。

　　建业股利是指股份公司以筹集到的资金作为盈利发放给股东的股利。

二、股利对于股东的意义

　　股利派发对于股东最大的意义就是股东收入的增加，当初的投资行为得到了回报。少量的股利发放后，一般不会引起股价的明显变化，一定程度上来讲，股东的获利没有影响企业的发展，股东获得了股票升值的好处。

　　另外，股份公司向股东派发股利，说明企业的经营是正常的，企业处在良性的发展之中，而且企业的股利发放行为会让股东认为企业将要获得较大的发展，这有助于增强投资者对于企业的信心。这种股利发放行为不但不会削减企业的竞争力，反而能够稳定股票的价格甚至促使股票出现上升。

　　还有就是股东获得股利后转化为现金的过程中缴纳资本利得税。这种税率相较于股东直接拿到现金所缴纳的所得税要低，所以一定程度上来说，获得现金股利对于股东来说是不划算的。

三、股利对于企业的意义

　　对于企业来说，派发股票股利是最为划算的，因为发放股票股利可以使企业的现金大量留存，对于充实企业的现金流，增强企业的市场竞争力有着巨大的帮助，有利于企业的再投资，有利于公司的长期发展。但是在特定情况下企业选择发放股票股利而不发放现金股利，就会让投资者产生不好的影响，让投资者认为企业现金周转不灵，导致企业股价的下跌。所以企业要根据不同环境选择最为合适的股利发放方式。同时企业发放股利，可以吸引更多的投资者关注本企业，提升企业的股价，促进企业的稳定健康发展。总之，企业发放股利可以提升投资者对于企业的信心，能够稳定股价，向社会传递企业健康发展的信息，促进企业的发展。

> **案例**

大连银行股利分配公告

经大连银行股东大会审议通过，现将派发 2013 年度股利有关事项公告如下：

1. 每股派发现金股利 0.10 元（含税，个人所得税由大连银行代扣代缴）。

2. 本公告发布日登记在册的股东可领取股利，如涉及股权变更，双方可另行约定股利领取事宜。

3. 个人股股东凭股权证及本人身份证（原件）领取，如委托他人办理，需同时持有被委托人身份证（原件）；国家股、法人股股东凭股权证、单位收款收据、单位介绍信、领取人身份证原件及复印件加盖公章领取。

大连银行股份有限公司

2014 年 7 月 5 日

以上是大连银行 2013 年度的股利发放公告的部分内容，从公告中我们可以得知这次大连银行是以现金发放的方式给股东发放股利。

> **老板日记**

股东利益是企业发展的根本

在企业盈利的时候一定要及时向股东发放股利，让股东对企业保持足够的信心，持续支持企业的发展。即使在企业处于暂时的困难时，企业也要尽量保障股东的利益，通过灵活应用股利的派发方式保持股东对于企业的信心，为扭转企业的经营局面赢得时间。

第4章

时间价值：
老板必读的金融横轴线

时间是企业最宝贵的价值，同时也是最容易被忽略的价值。珍惜每一分每一秒，你的企业能创造出更多的利润。作为企业老板，一定要有时间意识，一定要明白时间对于企业的重要性，懂得如何利用时间创造出更多的价值。本章就从时间价值的角度来告诉老板如何利用有限的时间创造最大的价值。

本章教你：
▶什么是企业的时间价值
▶算一算老板的一分钟价值几何
▶为企业制作一张年度金融表
▶金融的周期性规律和公司金融战略决策

什么是企业的时间价值

企业的生产经营活动是建立在时间消耗的基础上的，在老板的眼中往往只关注到企业有形资产的投入，而对于时间这一无形的资产却未给予足够的重视，白白地浪费掉企业的时间价值，影响了企业的业绩和竞争力。所以作为老板，必须要关注自己企业的时间价值，从时间上要效率，从时间上要利润。

一、生产经营中的时间

时间在企业的生产经营活动中，看似是不计成本、最为廉价的生产要素，但是其发挥的作用却可以左右你企业经营的走向，让你企业的发展产生截然不同的效果。

一项工作对企业产生的效益与其耗费的时间是成反比的，耗费时间越长，这项工作对于企业的价值越低。所以，在时间上节约也是对企业效率和价值的提升。据有关数据显示，在劳动密集型企业中劳动成本只占总成本的10%，而时间成本却可以占到30%。如果把这30%的时间合理地利用起来，那企业的生产效率将得到大大的提升。所以作为企业老板必须要加强管理时间控制。例如在产品的研发上，如果你的企业在时间上比竞争对手耗费的长，那最直接的结果就是对方的产品比你先上市，在抢占市场的竞争中占领有利的地位；如果在产品的生产过程中因为统筹不利，导致各方面生产不协调，在此过程中浪费的时间都可能将企业在市场竞争中置于不利的地位。同时由于时间上耗费，会占用企业大量的资源，导致企业在经营上陷于困境。如果企业在生产过程中质量把控不过关，最终导致产品不合格，如此一来不光在生产资料上造成了浪费，而且在时间上也会造成极大的浪费，严重影响企业的生产经营。在企业的销售过程中对时间的把控也十分重要，如果企业能够加快销售和回款速度，会大大增强企业现金流的运转，对企业市场竞争力的提升带来极大的帮助，而如果在这一环节耗费大量的时间，企业将背上沉重的负担，对以后的生产经营造成严重的负面影响（见图4-1）。

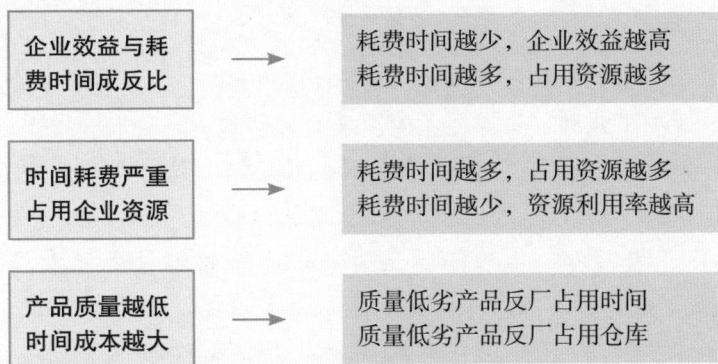

企业效益与耗费时间成反比	→	耗费时间越少，企业效益越高 耗费时间越多，占用资源越多
时间耗费严重占用企业资源	→	耗费时间越多，占用资源越多 耗费时间越少，资源利用率越高
产品质量越低时间成本越大	→	质量低劣产品反厂占用时间 质量低劣产品反厂占用仓库

图 4-1　时间对于企业的重要性

通过以上的情况我们可以看出，控制时间，对企业的生产经营有着重要的影响：节约时间就可以提高效率，而提高效率也可以大大节约生产经营的时间，为企业争取更加宽松的经营环境，促进企业竞争力的提升。

二、如何让时间价值最大化

要让企业的时间价值最大化，需要从三个方面着手：首先是需要在企业的每一个人心中树立时间意识，珍惜每一分每一秒，杜绝浪费时间；其次要让企业的每一个人看到时间与企业效益之间的关系，让每一个人为了企业的效益而努力工作，争分夺秒；最后企业要引入现代化的科学管理来调配企业的生产，需要合理安排、统筹优化每一个工序，协调处理每一个衔接，将宝贵的时间用在产品生产上。

在具体的管理模式上，我们向老板推荐"扁平化"模式。所谓"扁平化"模式，就是在管理上尽量减少管理的环节，缩短管理的程序，加快信息的流动，提高生产的效率，让各环节生产者明白自己的任务和责任，使企业的生产经营在高效的运转下有条不紊地进行。

> **案例**

一分一秒记心间

红利服装厂今年的效益不错，与去年同期相比，企业不但扭转了亏损的局面，而且实现了盈利，这多亏了小李厂长的到来。

以前的工厂弥散着一股松散的氛围：工人们无精打采地做着枯燥而重复的工作；生产小组长不知道自己的手里的活做完后接下来该做什么；衣服已经做好了却因为合适的纽扣没有到位而导致服装迟迟无法入库；三天前王老板下达的生产任务工人居然还没有听说，原来工厂秘书处还没有下达……这样的错位的工作比比皆是，大量的时间就在这混乱的管理中消耗了。

到工厂任职后，小李首先从管理上入手，精简了工厂的管理结构和流程，企业决策层的任何决定都能在最短的时间内下达给工厂的每一位员工；另外在各部门和工种的衔接上科学调配，一环扣一环，不再出现一个工种在等待另一个工种的情况；在质量上，工厂投入了研发资金和力度，一批新的款式的衣服将被推向市场，受到了市场的欢迎；在客户的账款方面，小李要求财务部门必须及时回收账款，各大区业务员制定了销售回款任务的责任制；在员工中灌输时间观念，让企业的每一位员工都为了企业的发展而努力。如此，只用了一年的时间，小李就将这家企业从倒闭的边缘拉了回来，而且还实现了盈利。王老板真是打心眼里佩服小李的管理，而小李管理的核心就是向时间要效率，将企业的时间价值发挥到了最大化。

> **老板日记**

时间就是财富

一样的投资，一样厂房，一样的员工，一样的市场，时间就像你手中的沙子，你抓住它，它就是你手中的财富；你漏掉它，漏掉的就是你企业的利润。跟时间要效益，跟时间要产值，说到底还是需要科学管理。记得小时候学过一篇课文叫《统筹方法》，是著名数学家华罗庚写的，告诉人们如何安排事情的先后，以此来节省时间。其实企业的时间价值体现就是这个道理。时间无处不在，你努力寻找，总是还能找出不少，而你的利润就在这点点滴滴中出现了。不要小看一个细小的环节，你企业的产值就是这一个个细小的环节生产出来的。

算一算老板的一分钟价值几何

算一算老板一分钟能够获得多少价值，其实就是在算企业在一分钟内创造多少价值，这家企业的生产效率如何。企业在单位时间内创造价值的多少说明这家企业的生产效率的高低，在同等生产时间的基础上企业的效益如何。如果一家企业一分钟生产 10 个零件，而你的企业只能生产 5 个，那么你企业的市场竞争力就只是对方的一半，这在激烈的市场竞争中必然处在极其不利的地位。所以企业一定要提高自己的生产效率，争取在市场竞争中占据主动。

一、如何衡量企业的生产效率

企业的生产效率是指企业在一定投入的基础上与生产出的产品价值之间的关系，其公式是：

生产效率＝成果／投入

要想提高企业的生产效率，要么增加生产出的产品成果，要么降低企业在生产中的投入。同时如果在投入相同的前提下提高了生产效率，企业能够获得的效益就会大大增加，企业在市场中的竞争力也会得到加强。

企业的生产效率一般包括工人的劳动生产效率和设备的生产效率。在一般情况下，企业设备的生产效率是相对固定的，毕竟企业更换生产设备需要相当大的投入，所以一般情况下更换生产设备的概率不是很大，要提高企业的生产效率，只能从工人的劳动生产效率上下功夫。

工人的劳动生产效率的高低是相比于标准时间和标准工时来计算的；标准时间是指一名熟练的员工在正常的劳动速度和规定的操作流程的前提下生

产一个合格的产品所用去的时间；标准工时是指生产一定数量的产品所需要的标准时间之和。最终的劳动生产率就是标准工时除以实际用去的工时。如果生产效率低于 1 时，就说明工人的劳动生产率还有提升的空间，数值越大说明劳动生产率越高。

二、如何提高企业的生产效率

要提高企业的生产效率，首先，要在人力储备上做充足的准备，保证每一道工序每一个工种都有合适的充足的人员储备，保证企业的生产能够正常进行。

其次，提高企业的生产效率要保证人员的配置合理。企业的产品是在各工种工人的相互协作下完成的，所以工种间的协作显得尤为重要。如果协作得好，可以大大降低单位劳动时间，提高生产效率。

再次，企业要加强培训自己的员工，加强他们的技能，使他们的能力都超出正常生产工人的水平。如此一来生产效率自然就会得到极大提高。

第四，要合理制定企业员工的奖励、激励机制。对于表现优秀的员工进行奖励，将员工的工作与获得直接挂钩，以激发员工的生产积极性，因为员工的积极性对于生产力的提高有着直接的作用，员工积极性越高，生产效率也就越高。这种激励包括经济刺激，还包括其他的诸如个人职业规划、发展前景、职业生涯管理等各个方面。

第五，要建立良好的企业文化。通过企业文化的熏陶培养员工对工作和岗位的热爱，让每一个员工都把企业的文化和精神记在心间，树立企业的集体荣誉感，为了企业的健康稳定发展贡献自己的力量。

提高企业生产效率，对于员工和企业是一件双赢的事情：员工工作效率的提高，增加了自己的收入，企业的竞争力也因之增强；企业在市场上占据优势，就能为员工提供更加优厚的待遇（见图 4-2）。

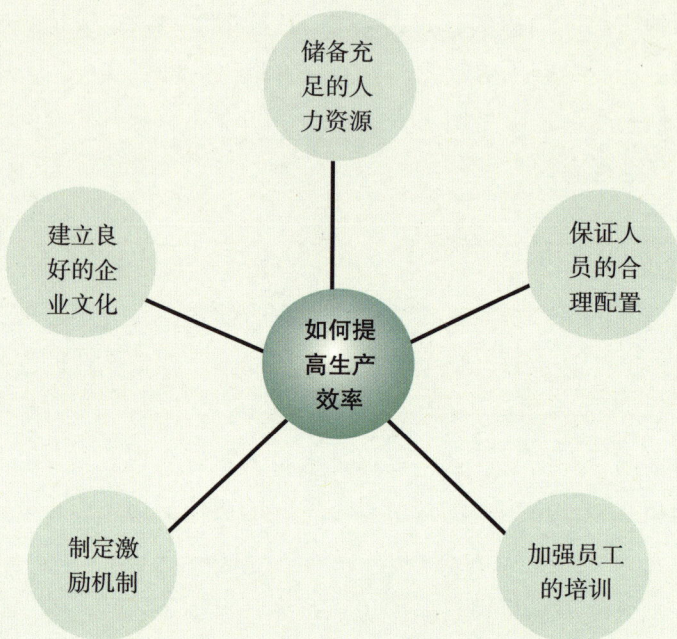

图 4-2　如何提高生产效率

> **案例**

一个人做四个人的工作

在美国的一个农场，其生产效率出其得高，其每年生产的价值超出了相邻农场的两倍还要多，这一成就引起了整个美国的关注。一位记者为了知道这其中的奥秘专门来到这家农场采访，他只来了不到十分钟，就已经明白了农场如此高效的奥秘所在——这源于他在一户农家中看到的场景，只这个普通的细节，就让他对于农场的效率佩服得五体投地。

记者进入这户农家的时候看到一位正在劳动的农妇，这位农妇双手在织毛衣，一只脚在摇着婴儿床，另一只脚则是在推动一个由链条链接的搅拌器，搅拌着里面的饲料。最让记者不可思议的是，农妇每过几分钟就会站起来，再重重地坐下。记者开始以为是农妇累了放松一下，后来才发现农妇坐着的是一袋儿奶酪，农妇是在用自身体重不停地压着这些奶酪。

炉火上烧开的开水声加上农妇哼唱的动听的摇篮曲，让屋内充满了温馨。在这样的环境下工作，农妇不感觉到劳累。要知道她现在一个人做了几乎四个人的工作，而且这些工作安排得有条不紊，农妇在愉快的心情下完成了这些工作。有如此工作能力的员工在农场，农场的生产效率想不高都难啊！

> **老板日记**

提升企业的价值

作为企业的老板，一定要想方设法提高自己企业的生产效率，只有这样，企业在激烈的市场竞争中才能占据有利的位置。

老板提升企业的生产效率要科学入手，切忌为了利益的最大化而压榨工人的合法所得。提高工作效率对于工人和老板是双赢的事，所以老板一定要讲究方法和技巧，在获得工人支持的前提下，提高效率，使企业创造更多的价值。

为企业制作一张年度金融表

　　每到年底的时候，企业的各项工作都需要总结——对当年的工作进行回顾，展望新一年工作的开展。企业的财务部门也不例外，到了年终的时候，要对本年企业的财务工作做总结，对一年来企业财务的运行情况进行合理的分析，制作一张包含着许多关键信息的企业年度金融表。借助这些关键信息，管理层就能够大概了解一年以来企业的运营情况，为下一年工作的安排提供最好的参考材料。一份详尽的企业年度金融表大概包括六项内容，分别是：报表概要、会计报表、资产负债表、利润表、现金流量表以及年度报表说明（见图4-3）。

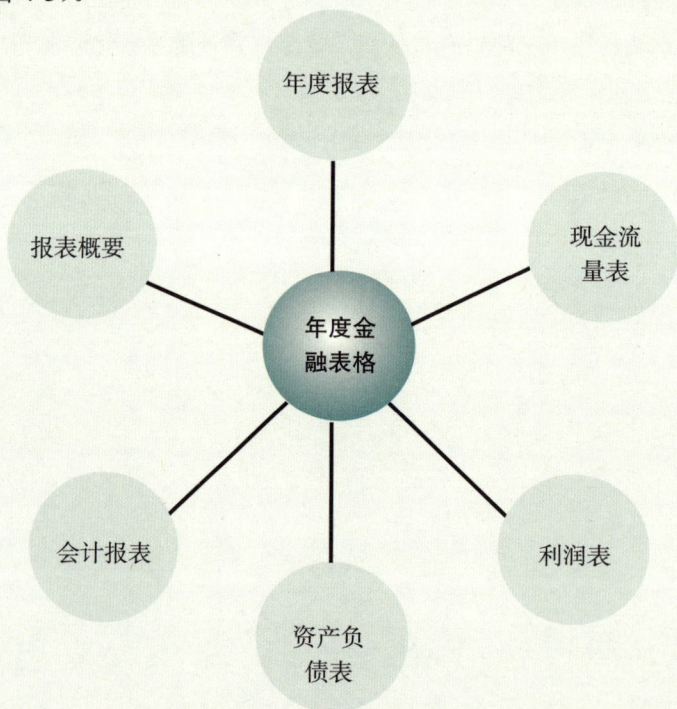

图 4-3　年度金融表格

一、报表概要

对企业这一年度财务工作做一个大体的说明，对工作的具体情况做大体的介绍。

二、会计报表

会计报表是财务部门在日常往来账目的基础上编制的能够综合反映企业财务状况和经营成果的书面文件。这其中包括企业的收入支出表、日常办公支出明细表以及经营性支出明细表。

三、资产负债表

资产负债表是反映着企业在这一年的生产经营后的全部资产、负债以及所有者权益情况的财务报表。表格中的负债加上所有者权益就是企业的资产。资产负债表可以清晰地显示企业的资产项目，说明企业拥有的各种经济资源及其分布；显示企业承担的负债以及偿还的日期，方便企业老板及时了解企业的财务风险；所有者权益项目显示企业投资者对于企业资产所持有的份额，据此可以了解企业的财务实力；老板可以据此了解企业未来的财务状况，预测企业未来的发展前景。

四、利润表

利润表是反映在这一年度内经营成果以及利润分配情况的表格。企业这一年度的收入减去相应的费用就是企业这一年的利润。利润表可以反映这一年利润总额的形成过程，揭示利润总额各构成要素之间的内在联系。老板根据利润表可以直观地看到企业这一年的经营状况，预测来年企业的盈利能力。

五、现金流量表

现金流量表是根据过去的一年中企业现金的状况编制的财务状况变动

表，说明着企业这一年的生产经营活动中现金流量变动情况。

现金流量表主要体现的数据包括过去一年经营活动现金流量、投资活动现金流量、筹资活动的现金流量、汇率变动对企业现金流的影响、现金及现金等价物的净增加等情况。

六、会计报表说明

会计报表说明是财务部门对自己提交的金融报表的说明性文件，是对其所提交报表进行分析总结所形成的书面报告，包括主要会计方法说明、报表分析说明和财务情况说明书。由于会计报表格式及其内容的规定性，只能提供量化的会计信息；而且要求列入报表的各项信息必须符合会计要素的确认标准，报表本身反映的会计信息就有一定的限制，这就在客观上要求在编制会计报表的同时，还要编制会计报表说明。

> 案例

小张的工作

每年年末，财务部门都要为企业管理层提交一份企业的年度金融表，今年这份表格由小张来完成。在制作时，小张首先制作报表概要，将自己这次制作报表的大体内容做一个介绍；然后制作会计报表，综合反映企业的经营状况；资产负债表则反映了企业目前的负债，让领导们对当前企业面临的压力有一个清晰的了解；接下来要做利润表，这是对今年企业收益的最直观的展示；而现金流量表则展示了企业的硬实力，给领导们经营的底气；最后制作完报表说明，小张的工作就完成了。这一系列流程下来，整个企业的状况就从小张的手里呈现出来了，这项工作真是责任重大啊！

> 老板日记

了解企业的财务状况

　　一年过完，老板必须要对自己企业当年的经营和财务状况有一个大概的了解，而这个了解就是建立在财务部门提交的年终报表上。自己想要了解什么内容，需要财务部门提交什么内容，作为老板必须烂熟于心。了解一年来的财务状况是进行下一年工作安排的参考依据，所以安排财务部门在年终的时候制作详细而准确的财务报告就显得尤为重要，是每一位老板都不可以忽略的工作。

金融的周期性规律和公司金融战略决策

金融的周期性规律是指金融活动在内外部因素的冲击下，通过金融体系传导作用而形成的持续性波动和周期性变化的现象。金融的周期性变化规律会导致市场的剧烈波动，作为市场基本单位的企业必然会受到这些波动的影响，对企业的生产经营形成剧烈的冲击。作为企业老板，在这个时候必须制定行之有效的针对性调整，制定在经济波动情况下的金融战略决策，确保企业在波动中保持正常的生产经营，度过经济的寒冬，等待春天的到来。

一、金融周期规律的概念

金融周期规律概念的提出始于 20 世纪 80 年代经济学家伯南克等人对于货币和证券中性论的批判，经济学家们在批判中否定了中性的性质，确定了货币和证券这些因素会对经济产生影响，并在后来的研究中提出了金融周期规律的概念。法国中央银行专家组为金融经济周期下的定义是：用与经济长期均衡水平密切相关的金融变量度量的经济实质性、持续性波动。从这个概念上来看，金融经济周期反映的是金融波动与金融因素之间的关系，体现了各种经济变量对于经济周期重要的影响作用。

传统的经济理论一度否认金融因素对于经济波动的影响，但随着经济波动的日益频繁，人们逐渐发现这些因素其实无时无刻不在影响着经济的运行轨迹和波动状况。金融因素决定着现代经济周期的运行规律，国际游资、汇率和货币危机、外债清偿问题等无不对经济周期起着重要的影响。任何微小的变化都可能通过金融市场的放大和加速作用对国民经济产生巨大的冲击。随着经济因素的高度活跃，金融系统的安全性越来越脆弱，极易出现波动，而这一切的源头就是经济扩张期的价格不断攀升，几乎所有的生产商都会高估对其销售产品的需求，从而无形中犯"错误"，现代的金融资本和金融中介出现，更提高了这种错误发生的概率（见图4-4）。

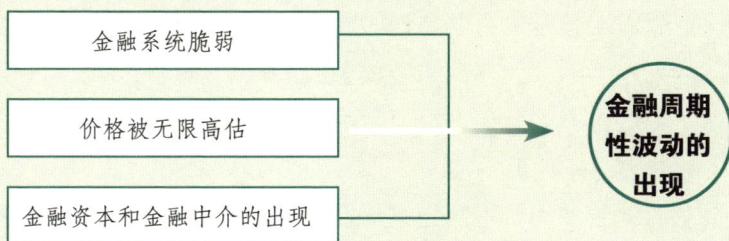

图4-4 造成金融波动的原因

二、对企业产生的影响

当金融周期出现波动时，会对企业产生剧烈的影响。企业在市场中生存，会与金融市场产生千丝万缕的关系，如果金融市场出现波动必然会对企业产品的销售和企业生产的融资产生直接的影响。

经济危机是市场生产不合理导致的，因为太多的生产资源被集中到大多数人都认为合理的领域里来，就会产生所谓的"羊群效应"。由于生产过剩，经济危机也就出现了。危机出现后，对此十分敏感的金融市场会将这种危机无限地放大，产生所谓的"金融加速器"作用。这种加速作用通过银行信贷渠道和资产负债渠道传导到整个经济层面，对经济产生剧烈的影响。身处其中的企业，因为银行信贷的剧烈收缩，必然会在融资方面产生巨大的困难，导致企业的再生产出现困难，恶性循环，对企业产生致命的影响。而因为银行信贷的收缩，必然会减少对市场货币的供应，导致企业挣钱越来越难。市场进入了寒冬期。企业能否熬过寒冬，就要看企业自身的实力以及应对危机的策略了。

三、企业应该如何应对

面对经济危机，企业面临着巨大的生存压力，这时候的企业一定要转变以往粗放的经营策略，提高产品的科技含量，提升产品在市场上的竞争力，避免盲目地投资，节约企业的现金，保证现金流的足够宽松，开拓市场，在经济的寒冬寻求发展的良机。

另外，企业需要整合自身的资源，将企业的投资尽可能地放到自己的优质资源上，从规模上的做大向质量上的做强发展，以过硬的产品和雄厚的实力占领市场，淘汰企业的落后产能，对经济效益低下、占用资源巨大的生产部门进行果断的去产能处理。

提升企业的创新能力，不断增强产品的技术含量，利用寒冬期抢占市场占有率。另外，在市场的开发上要转变思路，不要将市场定位在单一的方面，要多管齐下，努力拓展企业的生存空间。

> **案例**

经济危机的周期性爆发

黑色星期一是指 1987 年 10 月 19 日（星期一）的股灾。当日全球股市在纽约道琼斯工业平均指数带头暴跌下全面下泻，引发金融市场恐慌，随之而来的是 1980 年代末的经济衰退。

1997 年 7 月，泰国爆发经济危机，这场危机迅速蔓延到整个东南亚，其影响波及世界经济，使多国经济遭遇重创，股市轮番暴跌。1997 年 7 月至 1998 年 1 月仅半年时间，东南亚绝大多数国家和地区的货币贬值幅度高达 30%～50%，最高的印尼盾贬值达 70% 以上。同期，这些国家和地区的股市跌幅达 30%～60%。据估算，在这次金融危机中，仅汇市、股市下跌给东南亚同家和地区造成的经济损失就达 1000 亿美元以上。受汇市、股市暴跌影响，这些国家和地区出现了严重的经济衰退。

2007 年，以美国爆发次贷危机为标志，新一轮的经济危机来袭。2008 年源自美国华尔街的金融海啸波及全球，整个世界的经济受到重创。2008 年 9 月 9 日，这场金融危机开始失控，并导致多家相当大型的金融机构倒闭或被政府接管。

通过以上三次经济危机，我们可以看出世界经济危机的周期性爆发，平均每十年就会爆发一次世界性的经济危机，对世界经济造成重创。

> 老板日记

经济危机也是机遇

经济危机来袭的时候，各行各业都处在萧条之中——经济不景气，企业业务需求萎缩，生产停顿，业绩严重下降。在这个时候如果作为企业老板消沉萎靡、不思进取的话，那你的企业就真地陷入危机当中了。其实，危机来袭，日子不好过的不是你一家，整个经济领域的日子都不好过，大家所遭受的影响和损失是均衡的——如果你的损失大的话，那只能说明是你之前做的准备不够，正好利用这段时间反思之前的经营策略，及时改正。另外，作为老板要在危机中寻找机遇，为经济春天到来的时候大展宏图做好充分的准备。

第 5 章

风险收益：
金融决策的衡量标准

由于市场瞬息万变，企业的每一笔投资都承担着相当大的风险，而这巨大风险之中又蕴含着巨额的利润，所以作为企业老板每每要在风险和收益之间做出选择，而这种收益，被称之为风险收益。如何才能降低这里面的风险，以最大的安全系数获取其中

本章教你：
▶ 感性分析企业的金融风险承受能力
▶ 理性计算企业的风险收益比
▶ 如何规避金融风险
▶ 理性控制老板对金融收益的追求

的收益，就成为每位老板必须要面对的问题。在本章，我们就给各位老板来分析在投资中风险与收益之间的关系，以及如何在风险与收益之间做出最优的选择。

感性分析企业的金融风险承受能力

企业的风险承受能力是指企业在遇到金融风险的时候能够凭借企业自身能力或者企业本身之外的金融资源能否渡过危机的能力，是对企业金融实力的现实考验。企业如果在金融风险的攻击下依然能够保持正常的生产运营，金融财务正常运转，说明企业的金融承受能力强大，企业的实力也强劲；反之则说明企业金融存在潜在的危险，实力不稳定，急需改革，增强实力。

一、企业的金融风险承受能力包含哪些内容

企业的金融风险承受能力包括企业自身的资本风险抗击能力和企业自身以外资本风险抗击能力，同时还包括企业面对风险的应对和调整能力。

企业自身的经济实力是企业抗击金融风险最重要的能力，自身强大的金融资本，充足的现金流量，在金融风险来袭的时候可以轻松化解危机，拥有深厚的金融战略能力来吸纳外界袭来的风险，对企业的金融安全无法构成威胁；如果自身金融资本不足，现金流紧绷，就会导致风险来袭时企业没有多余的资金应对，导致现金流崩溃，无法组织正常的经营生产，最终导致企业的倒闭。

企业自身以外的资本是指与本企业有着友好合作关系的盟友性质的金融资本，这类资本在企业遭受金融风险威胁时能够及时出手予以帮助和支援，以资金注入的形势提升企业的金融风险抗击能力，帮助企业化解金融风险的威胁，渡过难关。

企业的风险应对和调整能力也是企业金融风险承受能力的重要部分，合适的调整和灵活的调度可以将企业的金融资本的防御作用发挥到最大化，提升企业金融资本的价值，将资金用在最关键的位置，有效化解金融风险对企业造成的冲击。

　　以上三方面是企业金融风险承受能力的主要表现形式，在现实的经营过程中，这三方面要素互相支撑，保障着企业金融体系的安全（见图 5-1）。

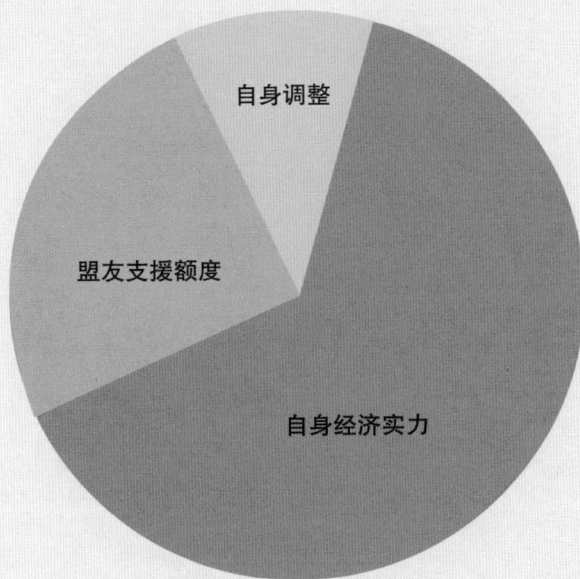

图 5-1　企业的风险承受能力

二、什么是模糊综合评价法

　　模糊综合评价法是 1965 年由美国自动控制专家查德教授提出的一种基于模糊数学的综合评价方法。该综合评价法根据模糊数学的隶属度理论把定性评价转化为定量评价，即用模糊数学对受到多种因素制约的事物或对象做出一个总体的评价。它具有结果清晰、系统性强的特点，能较好地解决模糊的、难以量化的问题，适合解决各种非确定性问题。

　　模糊综合评价法在我们日常的某些能力评价中扮演着非常重要的角色。对于那些难以用绝对定量来评价的问题，人们往往用模糊综合评价法来评定。因此，建立在模糊集合基础上的模糊综合评判方法，从多个指标对被评价事物隶属等级状况进行综合性评判，它把被评判事物的变化区间做出划分，一方面可以顾及对象的层次性，使得评价标准、影响因素的模糊性得以体现；另一方面在评价中又可以充分发挥人的经验，使评价结果更客观，符合实际情况。模糊综合评判可以做到定性和定量因素相结合，扩大信息量，使评价精确度得以提高，评价结论可信。对于企业金融风险承受能力的评价，模糊综合评价法是最为合适的评价方法。

三、企业金融风险评价体系的构建

企业风险承受能力评价体系是由评价体系中的各种要素构成的，这些要素根据一定的方式有机地联系在一起，从而构成结构完整、功能完备、行之有效而又相对独立的系统。模糊综合评价方法是这一结构体系的核心，运用模糊综合评判方法得出的评估结果，可以为多方信息需求者的决策提供相关的参考依据。

对于外部投资者来说，他们可以依据各企业风险承受能力区别对待，择优选择投资对象并灵活采用投资策略。而对于企业内部管理者而言，准确评估企业风险承受能力，可以进一步加强风险控制与资产保全工作。当前，企业管理者越来越重视企业的风险管理，而对企业自身的风险承受能力进行准确评价，无疑是做好风险管理的前提和基础。

> 案例

量力而行

隆昌电子是一家手机代工企业，企业代理着国内某知名手机品牌的装配业务。根据双方事先的约定，隆昌按时完成装配任务，对方会在三个月后支付装配的费用；如完成不了，隆昌不但拿不到钱，还要承担相应的赔偿责任。

正在企业生产最关键的时刻，一家手机生产厂商的加急生产合同放到了隆昌老板的面前。对方给出的条件很优厚，但就是在时间上要求比较苛刻，如果接了这单生意，就必须放下之前手中的业务。

面对眼前的诱惑，隆昌的老板大概预估了一下：虽然眼前这单生意可以给自己带来一时的利润，但是这是在伤害老客户的前提下获得的。想到这里，隆昌老板还是拒绝了这单有诱惑力的业务，因为他简单想想就能知道，自己的企业吃不下两家企业的业务，为了企业的稳定发展，他选择了先服务好一家，等将来企业规模扩大了，再考虑开发新的客户。他对自己企业的风险承受能力有着清晰的认识，知道应该量力而行。

> 老板日记

了解企业的风险承受能力

　　作为老板，必须对自己企业的风险承受能力了如指掌。在面临投资选择的时候，必须马上就能判断出自己的企业是否有能力承担此次投资带来的相应的风险，并据此做出是否要进行投资的决定。这考验着老板对自己企业的了解情况，如果老板对自己企业的财务状况和总体实力状况不了解，往往会出现误判，将企业置于不利的境地。

理性计算企业的风险收益比

风险收益比是进行投资的时候个人或企业投资者必须要优先考虑的问题，这决定着投资行为给自己带来的回报和自己可能将要承受的损失。对风险与收益的分析，必须要站在理性的基础上进行，要本着先风险后收益的顺序来进行分析，凡事先想最坏的，看自己能否承担以此带来的后果，切莫让眼前的利益冲昏了理智的判断。

一、什么是风险收益比

风险收益比是指投资行为中所要承担的风险与预期获得的收益之间的比值关系，表示着一项投资包含的价值以及获取这些价值需要承担的后果。

投资的收益永远是与投资风险相伴相生的，一般情况下是高风险高收益，低风险低收益。在高风险的情况下是否为了高收益而搏一把，这就考验投资者的智慧了。作为企业的管理者，为了企业的健康发展，更要慎重做出选择。这个时候，投资者必须要仔细研究风险收益比，根据利益最大化的原则做出理性的判断（见图5-2）。

风险收益比是由投资行为的风险除以预期将要获取的收益而获得，数值越大，说明投资的价值越大，其投资行为也就越可以实施。

在投资的风险收益比的考量中，投资者必须秉持先风险后收益的原则对投资行为进行考量，即使投资的风险收益比很高，但是如果投资的风险已经远远超过了自己公司的承受能力，那么在投资中一定要慎重，切莫成为亡命的赌徒，为了一时的贪念，葬送企业美好的发展前景。

图 5-2　风险收益的获得

二、正确理解投资中的风险

在风险定义上也有着不同的含义，并不是说投资者在投资中血本无归才叫风险，而是凡是收益无法达到预期效果的情形都叫投资风险，比如你持有的公司股票在今天卖每股可以获利 10 元钱，而明天卖或许只能获利 7 元钱，虽然都能获利，但是迟出售一天，每股就会少挣 3 元钱，这也是投资中的风险。

从专业的角度来讲，风险并不仅仅表现为实现的收益低于预期的收益，实际收益高于预期收益也是风险。比如卖出股票后，股票价格走势高于预期的价格，虽然卖出股票时此次投资已经实现收益高于预期收益，表面上看来投资者并没有损失，但是卖出股票就等于失去了多获利的机会，而少获利的部分就是投资者在整个交易过程中的损失。因此对于卖方来说，实现的收益高于预期的收益也是一种风险。正是在这个意义上，投资风险是指投资最终的实际收益与预期收益的偏离，或者说是证券收益的不确定性，包括预期收益变动的可能性和变动幅度的大小。这里的偏离既可能是高于预期收益，也可能是低于预期收益。

三、保持理性很重要

企业的发展需要管理者理性地思考。在进行一项投资，或上马新的项目，或购入新的资产时，企业管理者必须要理性分析其中的投资风险收益比，根据自己企业的实际情况量力而为，保证企业健康稳定地向前发展。

在这一过程中，企业管理者要尽量不涉猎自己不熟悉的行业、领域；在资金的使用上不盲目，在投资行为发生前合理安排自己的资金规划，保证自己在投资不理想时企业资金链做到不断裂，企业日常生产能够做到正常运行；客观评估自己企业的实力，超出企业承受能力太多的项目不要做；不要盲目听信旁人，盲目投资，对于投资，自己心中要有完备的计划，做到万无一失；要保持平和的投资心态，不管到任何时候都不要忘记理性客观对待自己的投资行为。

> **案例**

艰难的抉择

旭日连锁超市的老板李超，最近为企业并购本市第三大超市乐华超市的事烦恼。旭日超市现在的规模在本市处在第二位，与第一位的祥福超市还有一定的距离，但如果旭日超市能够并购处在财务危机中的乐华超市的话，将在店面和客流上超越祥福超市，成为本市最大的连锁超市。但是乐华超市现在陷入了严重的财务危机当中，要并购它，自然它的债务也会一并转移到旭日超市的账上。这正是让李超烦恼的地方。李超做梦都想把旭日超市做成本市最大的连锁超市，但是乐华的债务又让他感到犹豫。

在企业的董事会上，大家七嘴八舌地发表意见，有反对的，有赞成的。最终李超拍板决定发起对乐华的收购，因为这是公司发展道路上千载难逢的机会，错过之后也许以后永远也不会再有。作为一家有志向和抱负的企业，必须要抓住这样的机会。另外，虽然并购乐华会对公司的现金流造成暂时的困难，但是李超在分析了自己企业的财务状况以及自己商业盟友的可能协助自己渡过难关的可能性后，认为此次的并购行动并不会对自己公司造成伤筋动骨的影响，但是一旦成功，旭日在未来的很长一段时间内将有超出想象的巨额利润进入公司账户，这一愿景是李超无法拒绝的。从投资的风险收益比上来说，这笔收购是值得冒险的。事实也正如李超所预想的那样，这次的收购行为彻底改变了旭日的命运。在有效整理了乐华的资源之后，旭日的发展突飞猛进，日新月异，一举占领本市超市的龙头地位。

❯老板日记

做出正确的决策

作为称职的老板，最关键的就是在关键的时刻做出最正确的决策。什么是最正确，就是这项决定能够给企业带来最佳的回报，而最佳回报的标准绝不是利润的最大化，而是在获取最高利润的同时还要保证企业财政的安全。这就要求老板在企业投资风险收益比上保持理性的判断，根据自己的情况和客观的条件做出最优的选择。

如何规避金融风险

随着时代的发展，市场竞争的日趋激烈，企业在市场中面对的金融风险越来越多，稍有不慎就会招来灭顶之灾，所以企业必须要时刻注意自己周边环境的变化，警惕金融风险的不期而至。所谓风险，其实就是一种不确定性，当一个人处在不确定的状态的时候，往往就会感到不安全。作为企业也一样，经济的发展让与企业相关的因素越来越多，你不知道会出现什么问题对你产生威胁，这也就出现了风险。一家企业想要生存，必须要学会规避这些金融风险，将风险的冲击降到最低，确保企业稳定健康地发展（见图5-3）。

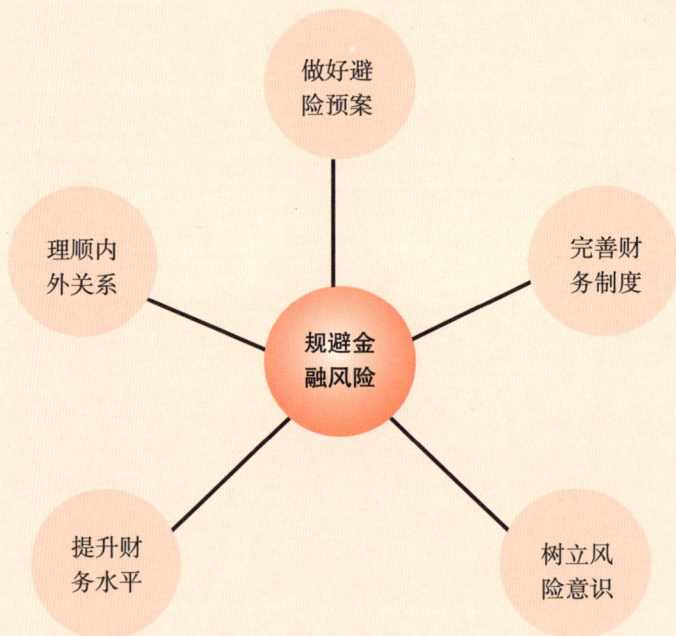

图 5-3　规避金融风险的方法

一、完善财务制度

有句俗话叫"苍蝇不叮无缝的蛋"，一家企业如果不想被金融风险击倒，最关键的还是要自身变得无懈可击，而这其中的核心就是企业完善的财务制度。完善的财务制度可以适应多变的财务环境，无论周边金融环境如何变化，只要企业的财务制度完善，就不怕任何风吹雨打。完善的财务制度就像是企业财务的基石，对于各种财务风险都有着极强的抵御能力。在完善的财务制度的作用下，企业会对多变的市场环境做出预判，提前做好风险防范的准备。不断完善企业的的财务制度，提高企业的财务管理水平，对之前的制度查漏补缺，不断升级防范风险的水平，使企业的抗风险能力在潜移默化中得到加强，最终为企业筑起风险防护的钢铁长城。

二、树立风险意识

防范风险要深植于企业的意识之中，让风险意识在每一个人心中扎根，时刻提醒自己风险无处不在，随时都可能冒出来威胁企业的生存和发展。树立风险意识，在今天激烈的市场竞争中非常重要，是一家企业能否取得成功的关键所在。

极强的风险意识，往往可以将风险的萌芽扼杀在初始状态。作为企业的老板更是要加强自己的风险意识，从细微处察觉风险，在日常小事中守护企业的安全。在极具诱惑力的利润面前不要失去了自我，在做出每一项决定之前先要考虑企业的金融安全，不能为了蝇头小利而降低对企业安全的要求。

三、提升财务水平

财务部门是企业的核心部门，财务部门水平的高低直接关系到企业管理水平的高低。作为老板，首先要做到不做门外汉。只有了解财务工作，老板才能够领导财务部门开展工作。就好像一名剑客一样，财务部门就好像一把剑，而老板就是剑客，宝剑再锋利，如果剑客不给力，照样赢不了对手。

其次就是要保证财务部门这把宝剑的锋利。财务部门就好像是老板在市场上的眼睛和耳朵一样，老板在做出重大决策的时候往往是依据财务部门对市场的研究报告，如果财务部门的第一手材料出现误差，那老板的决策必定是错误的。所以必须要提升财务部门的水平，使其为决策提供准确而有效的第一手材料。

四、理顺内外关系

企业在市场中生存，首先要自身强大，其次要左右逢源。前者说的是企业老板要处理好企业内部的关系，后者说的是企业要处理好市场上合作伙伴或盟友之间的关系。

处理好企业内部关系，可以使企业上下一心，形成强大的合力，创造出巨大的价值利润，增强企业的竞争力。而处理外部关系是要在企业遭遇风险危机的时候不至于孤军奋战，在危难时刻，有人拉你一把，可能就会让你起死回生，化险为夷。

五、做好避险预案

规避金融风险是一门科学，必须遵循客观的经济规律来做，绝不是凭借着一腔的热血就可以解决问题的。所以在风险未到之时，企业就要在对市场科学分析的基础上做足风险防备的预案。

企业要根据自身的特点，结合其他企业规避金融风险的成功案例，制定出自己企业遭遇金融风险时的应对预案，确保在风险来袭时应对得当。而金融风险防范机制的建立则是将这种预案制度化，内化到企业风险意识的内核当中，在企业内部形成强大的风险防范能力，让企业在风险面前稳如泰山，巍然不动。

> **案例**

轰然倒下的广信集团

广信集团是于1980年12月成立的广东省人民政府的全资直属企业，是非银行性金融企业，并同时拥有外汇业务经营权。1989年，广信被确定为全国对外借款窗口，并被称为广东省人民政府的"窗口公司"。当时的广信集团已经发展成拥有数百亿元资产的大型企业集团。它在数十个领域投资参与了三千多个项目，在房地产业倾注巨资，成为广东省最大的地产商。

但是在经营过程中，广信集团的管理层风险意识淡薄，对于金融风险的冲击预判不足。在投资上盲目、大量的低质投资占用了集团大量的资金，导致现金流紧张。20世纪90年代以后，国家政策发生变化，开始更多地发行主权债，同时在政策上放松对国有商业银行和政策性银行对外融资的限制。1995年国家更明确规定，地方政府不可自行举借外债，政府也不能再为窗口公司提供担保，并决定对外债实行全口径管理。如此一来，广信集团曾经拥有的政策优势地位不再存在，这对广信集团的整个业务经营产生了重要影响。本来已经陷入资金紧张的广信集团雪上加霜，再加上集团内部对于市场的变化缺乏足够的应变措施，导致广信集团的经营开始举步维艰。最终在1998年，广信集团被迫宣布破产。一个享誉国际的巨无霸金融巨头就此退出历史舞台。如果集团领导层能够多一些危机意识，在集团发展势头良好时制定切实可行的预防预案，在投资上不盲目，保持集团宽松的资金链条，也许就不会造成破产这样惨痛的后果。广信集团的破产值得每一个经营者反思和警醒。

> **老板日记**

正确应对金融风险

金融风险的规避事关企业的生死存亡，作为企业的老板，必须拿出百分之百的专注度来重视。在危机出现之前，作为老板一定要未雨绸缪，做好充足的应对准备。在危机来临的时候要临危不乱，进退有据，根据自己的准备和自身条件灵活调度，充分发挥企业的优势，抵御金融风险对企业的冲击，将损失程度降到最低。

理性控制老板对金融收益的追求

　　面对利润，每个人都有想要获取的欲望。作为企业老板，对于自己企业的赢利机会自然也不会轻易放弃，但是作为一名懂金融的老板，在面对利润时一定要理性分析，有些利润时不可以拿的，否则企业就会因小失大。也就是说，老板对于金融收益的追求一定要适可而止，该自己得到的要努力去争取，不在自己合理经营范围内的收益千万不要冒险贪图（见图5-4）。

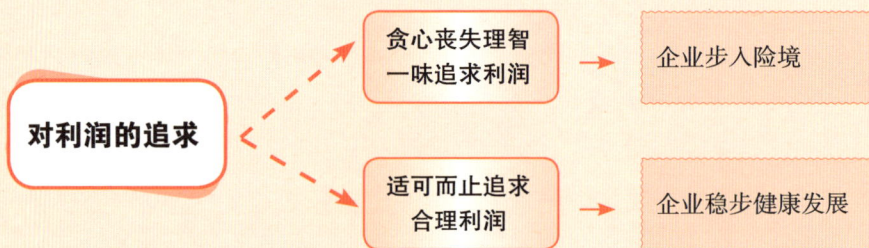

```
                          ┌──────────────┐          ┌──────────────┐
                     ┌──→ │  贪心丧失理智  │   ──→   │  企业步入险境  │
┌──────────────┐    │    │  一味追求利润  │          └──────────────┘
│  对利润的追求  │ ←──┤    └──────────────┘
└──────────────┘    │    ┌──────────────┐          ┌──────────────┐
                     └──→ │  适可而止追求  │   ──→   │ 企业稳步健康发展│
                          │  合理利润      │          └──────────────┘
                          └──────────────┘
```

图 5-4　理性控制对收益的追求

一、别让贪心控制你

　　企业的投资，最忌的就是贪心，贪欲太强，容易丧失理智，忽略周围环境的变化，导致在经营上不能根据市场的变化随机应变，最终因为错误经营给企业造成无法弥补的损失。被贪念控制的人，对于企业的经营已经不是在经营，而是在冒险了，没有任何技术含量的冒险，他一条道走到黑，一成不变地坚持着自己的执念，但是市场却是在不断变化着的，这就导致注定贪心者的冒险终将以失败而告终。

　　贪欲太强的经营者，在经营上往往会高开低走，因为在一开始对于利润的追求还在正常的范围内，经营者根据自己企业的实际情况结合市场环境灵活执行自己的经营策略，由于对于市场的变化应对得当，所以企业也会获得盈利，但是接下来的发展就会出现不同的结果。理智的经营者在获取盈利后会理性分析市场的环境，评估当下的市场环境是否还适合自己进一步投资，根据市场的变化选择自己的应对策略，适当地追加或者果断地退出。但是被贪欲控制的经营者在此时做出决定的依据已经不是理性，而是自己心中利润的最大化，他将自己的所有关注点都放在了利润之上，还在用之前的市场状况来决定自己的投资，这必然导致其经营策略不当，不但无法获取更多的利润，就是之前获取的利润也会因为自己的贪心而化为过眼云烟，更有甚者，企业会因此而陷入经营的困难，走向破产的边缘。

二、如何做到适可而止

贪欲是人性的一部分，每个人都有贪心的冲动，但是理智者可以很好地控制自己的这种冲动，而贪欲无度者则会迷失自我。怎样才算理智，如何才能在投资行为中控制自己的贪欲，做到适可而止呢？这就要求有个度，在什么情况下我们应当果断撤离，在什么情况下我们还可以追加投资，把握好这个度，投资的时候就能进退有据，收放自如。

企业的投资行为，只有在投资结束时利润到了企业的账上，才算是成功的投资。所以在出现利润的时候决策者需要决定是否就此退出，见好就收，用专业术语来讲，这就是止盈操作。而止盈操作的核心要领就是控制自己的贪心，果断收回自己的投资，获取自己应得的利润。

> **案例**

聪明的"傻子"

小的时候村里有个孩子，人们都说他是个傻子，原因是大人们经常拿一枚一角的硬币和一枚五分的硬币让他挑，他总是拿走那枚五分的硬币，人们就此得出结论，说这孩子脑子不灵光。

直到有一次一位好心的大婶悄悄跟孩子说："孩子，一角的硬币比五分的硬币买的东西要多，下次你就拿那枚一角的。"孩子看着大婶有些感动，因为这是第一次有人关心他，为他着想，所以他动情地说："大婶不要为我担心，您说的道理我懂得，只是我更知道如果我这次拿了一角的硬币，下次五分的就没得拿了"。听完此话，大婶哑然失笑。确实，如果人们都知道这孩子不是傻子，谁还愿意拿钱让他去挑呢？在后来的日子里，每次大婶看到别人让孩子挑硬币，总是默默一笑，既为孩子的聪明赞美，也为大人们的自作聪明感到可笑。

　　其实作为企业的老板，也要勇于去做"傻子"，世间的利不可能都让你一个人挣了，盈利要适可而止，盈利不能损害企业的长远发展，这样才能得到下一次"挑硬币"的机会。

> **老板日记**

控制自己的不良情绪

　　贪心可能每个人都有，但是作为企业老板一定要克制自己的这种不良情绪，因为这事关你企业的生死。一个好的老板，必须要理性处理事情，不能因为自己的贪欲之心毁了企业的发展前途。在企业的项目投资上，老板更要以科学的态度去论证投资的利弊，制定周密而科学的投资计划，严格按照论证结果来执行自己的投资行为，不能被眼前利益蒙蔽了双眼。

第**6**章

资产定价和组合：
当老板要学会金融排列组合

同样的资产，在不一样的经营者手中会发挥出截然不同的作用，创造出截然不同的价值，这就是金融神奇的力量。面对不同的资产状况，作为企业老板要学会采用不同的金融策略和组合来将资产作用发挥到最大化，为企业创造尽可能多的价值。本章就告诉各位老板如何合理运用自己的资产，创造出最大的价值。

本章教你：
- ▶ 算一算老板的口袋里有多少钱
- ▶ 利用金融组合提高资产质量
- ▶ 学会给财务报表"美容"
- ▶ 负资产老板也能玩金融

算一算老板的口袋里有多少钱

老板口袋里有多少钱，其实就是在讲老板企业的总资产是多少。只有对企业总资产了如指掌，老板才能知道自己企业有多大的实力，可以生产多少产品，未来有多少发展的潜力，如何根据自身的实力状况安排接下来的经营生产。所以，在一定的时候，老板要摸一摸自己的家底，看看自己口袋里到底有多少钱。

一、什么是企业的总资产

企业的总资产是指企业拥有和能够控制的资产总额，这其中包括流动资产、长期投资、固定资产、无形及递延资产、其他长期资产、递延税项等，是企业规模和实力的集中体现。固定资产与流动资产的关系见图 6-1。

流动资产是指可以在一年内或一个生产周期内变现或用于再生产的资产的合计，其中包括企业的现金以及各种存款、短期投资、应收及预付款项、存货等；固定资产指企业固定资产净值、固定资产清理、在建工程、待处理固定资产损失所占用的资金合计；无形资产指企业长期使用而没有实物形态的资产，包括专利权、非专利技术、商标权、著作权、土地使用权、商誉等。

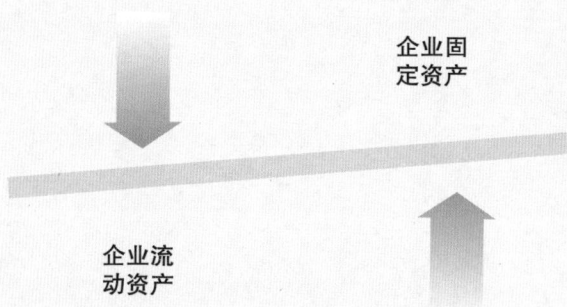

企业固
定资产

企业流
动资产

图 6-1　固定资产与流动资产的关系

二、企业的总资产计算的要点

计算企业的总资产，除了遵循"企业总资产＝企业负债＋所有者权益"这一公式之外，还要注意以下具体情况的发生（见图6-2）。

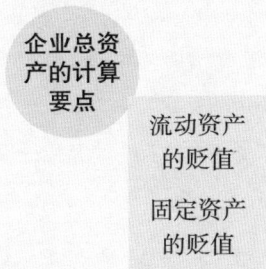

企业总资产的计算要点

流动资产的贬值

固定资产的贬值

图6-2 企业总资产的计算要点

首先是资产的减值，也就是贬值的问题。在资产核算的过程中这种情况就表现为资产的市场价值低于其账面价值的情况。如果在核算企业资产时不考虑这一因素，核算出的资产额度就会低于市场上可以变现的额度，为企业老板制定相应的战略决策提供错误的参考。相应地，在计算资产总额时还要考虑资产的升值情况，如果不考虑这一情况，同样会导致计算数据的失真，对企业的决策也会带来不好的影响。

其次，计算企业的总资产的核算还要计算企业固定资产的贬值问题，比如企业的建筑、办公用品、库存货物等都会随着时间的推移而发生贬值问题。

> **案例**

腾达汽车租赁有限公司进行企业资产核算，根据会计账面计算企业固定资产达2000万元，其中企业自己所属汽车资产达1500万元。但是在实际的资产评估中这部分内容只估出了1000万元的资产，这让看惯了财务报表的梁老板感到十分气恼和不解。他决定亲自找评估人员问个明白。

面对梁老板的质疑，评估人员说："汽车是有使用年限和折旧比率的，你公司的汽车已经运营了5年，这当中汽车本身产生的损耗降低了其自身的价值，而且运营车辆的使用年限是有规定的，你用了 5 年就说明你的车距离报废又近了 5 年，所有在评估的时候必须把这部分内容囊括进来，但你公司财务账面上的资产是没有计算这部分内容的，这就是你失去的 500 万资产的去向。"

听完对方的解释，梁老板不得不再次考虑自己公司的经营问题了：他不光需要跟市场赛跑，而且还需要跟资产的贬值赛跑，公司的经营，任重而道远啊！

> ## 老板日记

时刻关注自己的资产

企业的总资产就是老板的全部家底，只有计算清企业的总资产，老板才能认清自己的企业，在投资和生产的时候做到收放自如，适度且适宜。作为企业老板要时刻关注自己的总资产情况，另外还要注意甄别自己的伪资产，也就是企业资产中那些已经贬值的部分。作为企业老板，必须要尽量避免自己资产的贬值，尽量做到企业资产的增值，所以这就需要老板在日常的经营中尽量延缓资产的贬值速度，在其还有价值的时候尽量让其价值发挥到最大化。

利用金融组合提高资产质量

　　企业的资产质量是企业真实实力的体现，只有资产质量优质的企业才能展现出真正的实力，而金融组合是可以在一定程度上提升企业资产质量的，所以企业需要善于运用金融工具的组合，以此来提高企业资产的质量，助力企业往更高的目标发展。

一、如何分析资产的质量

　　要分析企业资产的质量如何，我们需要从三个方面进行分析。首先，我们要看企业股票，比较每股净资产与调整后的每股净资产，它可以大致反映变现能力受限的资产在净资产中的比重。其次，我们还要考虑变现能力受限的会计项目。所谓变现能力指资产转为现金及现金等价物的能力和该资产用于销售、偿还债务的能力。通常通过分析应收账款、其他应收款、预付账款的账龄来反映变现能力的强弱。最后，我们要来分析抵押和担保项目，可以了解企业的或有风险，一旦出现违约，所抵押的资产可能会影响企业的正常生产经营，这些都增加了企业经营的不确定因素。

二、金融工具提升资产质量

　　在金融市场中存在着各种各样的金融工具，运用这些金融工具的组合可以有效地提升企业资产的质量，增强企业市场竞争力。企业的资本是有限的，但是如果运用有限的资本再加上合理的金融工具的运用就能最大限度地发挥现有资本的威力，将现有资本的力量增大，然后运用这些多增加出来的资本就可以促进企业现金流的运转，提高企业运行的稳定性，使企业的资产质量得到进一步优化。运用合理的金融产品可以把企业相对劣质的资产变为有销售价值的产品。要知道，有些东西在你这里也许是废物，在别人哪里却有可能是宝贝，而实现这一变化的就是金融产品的组合。所以，企业要娴熟运用这些金融工具，以此来促进企业进一步的发展；如果弃之不用，则是对企业资源的浪费，间接也就拉低了企业的资本质量，使企业失去发展的最佳时机，最终一事无成（见图6-3）。

| 企业不良资产 | 金融组合工具整合 | 具有市场价值的资产 |

图6-3　金融工具对于提升资产质量的作用

> **案例**

风华小学整体迁入新校区后，旧校区土地连同部分设备整体出售给某公司。面对校园内遗留下的诸多教学设备，让某公司负责处理这一项目的李经理犯愁：这块地将被开发为高档社区，但地上这些教学设施对于企业来说是没有价值的，但是扔掉又太过可惜。——这些对于本企业来说一文不值的资产，可以说是企业的不良资产。

同一城市有一所私立小学刚好需要购买桌椅板凳这样的教学设施，在知道李经理公司的情况后，主动找上门来商谈购买事宜。在讨价还价后，双方达成交易，取得了双赢的结果。

上面的这个例子只是资产质量提升的一个简单形式，已经作为不良资产的桌椅板凳因为碰到了需要的客户瞬间变成了抢手货，卖出了不错的价格，实现了价值的回收。但是在现实情况中资产质量的提升要复杂得多，这需要不同金融工具的组合充分发挥作用后才能取得，但总的意思就是合适的东西送到合适的人的手中就能实现价值的最大化。

> **老板日记**

提升企业资产质量

企业的资产质量决定着企业的市场竞争力，作为老板要想各种办法提升自己企业的资产质量，除了运用加强回款速度这样的传统方法以外，还要向金融市场要质量，通过运用金融市场上的金融产品统筹调配自己的现有资产，用金融工具将看似无用的价值发挥出其有效的价值，充实企业的现金流，提高企业资产的质量。

学会给财务报表"美容"

财务报表是企业的体检报告，是企业经营情况向股东的汇报。严格来讲，财务报表是以会计准则为规范编制的，向所有者、债权人、政府及其他有关各方及社会公众等外部反映会计主体财务状况和经营的会计报表。

财务报表包括资产负债表、损益表、现金流量表或财务状况变动表、附表和附注。财务报表是财务报告的主要部分，不包括董事报告、管理分析及财务情况说明书等列入财务报告或年度报告的资料。

一、财务报表的功能

财务报表的功能包括信息、成本和管理三大功能。通过这些，股东就能够对企业的现状有一个大致的了解，就可以决定是否还要继续相信和支持企业的发展。

首先说信息功能。这里说的信息是指企业经营发展情况的信息。在财务报表中，企业以数字的形式详细准确地记录和披露企业的财务状况和经营结果。如交易事项的分类、记录、汇总，收支盈亏的计算，资产的质量，企业的资本结构。财务报表为企业管理团队的成绩单，详细地反映企业的经营状况。

其次是成本功能。这一功能向股东详细介绍本企业在生产经营过程中的成本使用情况，以一套完善而科学的核算方法将企业的运营成本详细地展示在股东面前。我们要知道，企业的成本核算是一套严密的科学的核算方法，不是想减什么成本就减什么成本，想加什么成本就加什么成本的儿戏，每一项成本的增加和减少都会对企业生产经营产生重要的影响。所以财务报表中的这一功能尤为重要，是股东理解和支持企业的前提。

财务报表的第三个功能就是管理功能。企业的管理者和股东可以根据财务报表的内容分析出企业目前的运行状况以及存在的问题，加强内部控制和监督，防止部门或个人工作错弊，保证资产安全。另外，管理层也可以根据财务报表做出有针对性的经营策略改变，保证企业走在健康正确的发展道路上。

二、以正确的态度面对财务报表

首先在编制财务报表的时候要本着诚信的态度。诚信是企业在市场立足的资本，只有诚信的企业才能受到投资者的青睐。国内外有许多大公司都是在弄虚作假上栽了大跟头，导致庞大的公司轰然倒塌，比如安然这样的能源巨无霸，因为缺失了诚信照样逃不过破产的厄运。美国有家公司叫"秃鹰集团"，这家公司的一位名为查诺斯的分析师说过这样一句话："我们的公司专门放空三种类型的公司：高估获利的公司；营运模式有问题的公司（例如部分网络公司）；有舞弊嫌疑的公司。"

所以说，弄虚作假的财务报表就好像是埋在企业内的定时炸弹，虽然一时可以瞒过投资者，但其终究会爆炸（见图6-4）。

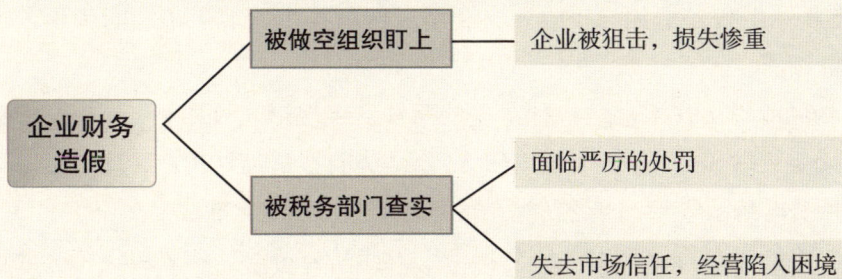

图6-4 财务造假的后果

其次，对于财务报表的解读要结合企业的实际情况，不能光看那些数字，要结合企业的发展战略和当下的经济形势来分析。假如此时公司是在市场的扩展阶段的话，销售收入上去了，表明市场份额上去了，那就应该表扬，加大对企业的支持力度。

最后，当企业的财务报表数据不理想时，要有面对的勇气，将企业经营遭遇到的问题以及管理层的解决方案向股东解释清楚，让股东看到公司向好的势头，争取股东继续对公司的支持。

三、陷企业万劫不复的"财报美容"

当公司的财务报告不是很好看时，有些人就开始动歪脑筋了，岂不知一时的得利却是万劫不复的代价换来的，而且这种行为也是一种非常严重的犯罪行为，可谓害人害己。为了引以为戒，让我们看看这些人在过往是如何给他们的财报"美容"的。

1. 利用关联交易来扩大企业资产规模，粉饰企业的财务状况。这其中包括凭空虚构存货、应收款项、固定资产和无形资产，更有甚者利用关联公司为其注入一些固定资产或无形资产。

2. 将固定资产、长期股权投资和持有到期投资等转入可供出售金融资产或交易性金融资产，以实现公允价值后续计量；变更坏账准备计提方法、比例或年限调节应收账款、其他应收款等科目；调整资产流动比率等。

3. 通过虚增营业收入、降低营业成本与费用，通过"其他业务收入"和"投资收益"科目增加当年收入、利用递延所得税调节当年利润等手段粉饰经营业绩。

4. 提前确认收入也是一种常见的手法，表现形式有四种：一是在存有重大不确定性时确定收入；二是完工百分比法的不适当运用；三是在仍需提供未来服务时确认收入；四是提前开具销售发票，以美化业绩。

5. 将商品高价出售给关联公司，人为抬高公司业务和效益，使其呈现出拥有良好主营业务收入和利润的假象，以此来美化公司资产。

6. 调整折旧方法、折旧年限和预计净残值同样可以降低营业成本。

> ❯ 案例

作假的东芝

2015 年爆发的东芝会计作假事件震惊了全世界，日本证券交易监督委员会依据日本《金融产品交易法》向日本金融厅提出建议，对该公司做出行政处分，罚款额超过 70 亿日元（约合 3.62 亿元人民币）。

这起事件曝光后，东芝接二连三宣布向下修正其过往财务报表，从 2008 年 4 月至 2014 年 12 月，历任东芝管理层推迟计提损失导致的利润修正额达到 2248 亿日元（约合 116.22 亿元人民币）。

在长达 7 年的时间里东芝公司窝藏包庇系统性的财务造假丑闻，大大损害了公众对东芝的信心，也凸显了东芝公司重组其业务的必要性。同时也正是东芝管理层对于财务作假行为的纵容忽视，东芝的财务状况在美丽财务报表的掩盖下不断恶化，最终酿成如此之大的财务丑闻事件。

> ▶老板日记

直面公司的财务报告

公司的财务报告，是企业运营状况的直接体现，是发现企业问题进行改革的最佳时机。作为企业老板一定要直面自己企业出现的问题，切勿弄虚作假害人害己；要善于从财务报表中发现企业经营中出现的问题，制定切实有效的整改措施；要对企业的发展前景保持乐观的态度，拿出切实可行的将企业做大做强的计划，获取股东的认可，为企业的发展创造宽松的条件。

负资产老板也能玩金融

负资产老板做起来比较难，因为企业的财务状况已经恶化，生产经营已经受到了严重的影响，在这种情况下老板如果还想维持企业的经营需要付出异乎寻常的努力，需要根据自己企业的具体情况制定行之有效的融资手段和生产经营策略，至于如何才能融到资金，则需要老板好好思量一番了（见图6-5）。

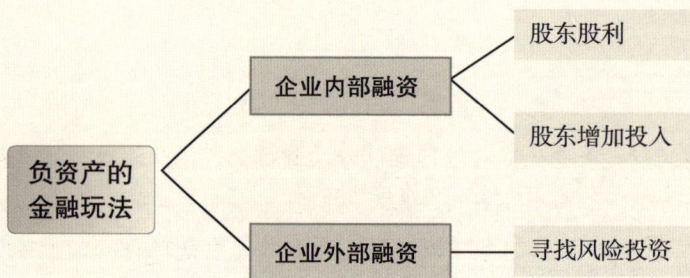

```
                                    ┌─── 股东股利
                   企业内部融资 ────┤
负资产的                            └─── 股东增加投入
金融玩法
                   企业外部融资 ──────── 寻找风险投资
```

图 6-5　负资产的金融玩法

一、负资产企业内部融资

当企业财务状态处于负资产状态的时候，企业可以本来计划发放给股东的股利部分的留存收益作为企业的资金投入企业的再生产，维持企业正常的运营和生产。不过这部分融资毕竟属于权宜之计，不可能解决企业当前面临的困局，此时股东就需要根据企业目前的经营状况选择接下来的行动，是放弃对企业的支持，还是增加对企业的投入。这一切都取决于企业管理层对于企业经营不佳的原因的解读：如果是由暂时性的、周期性的困难导致企业出现经营的困难，那这家企业就还有重新融资的必要；如果是因为企业本身设备老化，产能过剩所导致，那企业除了选择破产已别无他法。

二、负资产企业外部融资

外部融资是指企业向企业外债权人进行借款的举动，因为企业已经处于负资产状态，所以企业必须要拿出具有说服力的条件来说服投资者同意借款给企业。这其中的理由包括企业发展的前景，如果企业属于一个朝阳产业，具有广阔的发展前景，只是因为暂时的困难才导致企业处于目前的困难，可能会有投资者会进行风险投资。另外企业可以拿出自己的有价资产进行抵押，以换取对方的注资，解决企业暂时的困难。还有在还款方式上要尽量给予借款人以安全感，在企业承受范围的最大限度上提高投资者的回报率和缩短还款的周期。

> **案例**

起死回生的奇迹

石山村有一家果脯厂，厂子建立起来后专门收购周边山村里的杏子制作果脯，解决了当地果农的大问题，大家再也不用担心杏子烂在树上了。可是工厂的经营却步履维艰，因为交通不便，工厂的产品需要绕很远的路才能运出去，这样大大增加了企业的运营成本，同时也降低了客商的进货热情。企业的经营很艰难，资金周转愈发困难，企业老板面临着是否要关闭工厂的艰难抉择。

在这个时候国家规划中的一条高速公路进入了勘察论证阶段，石山村被划入了勘察范围，公路正好途径石山村的南端，挡住石山村通往外面的大山也要打一条隧道，这条公路建成后，石山村的交通将发生大幅度的改变，石山村距离高速入口不远，果脯厂的产品可以轻松实现外销。

这个好消息大大激励了果脯厂的老板，他下决心将企业办下去。为了维持企业的经营，他自己又投入100万元流动资金，同时与果农商量，将之前的现款收货改为6个月账期。为了长远的打算，果农对企业的举措也理解和支持。

在大家的共同努力下，果脯厂终于等来了高速公路开通的那一天，果脯厂的销量也上来了，订货的客商络绎不绝，工厂迅速实现了盈利，当地的果农也因此脱贫致富。

> 老板日记

负资产应对策略

负资产不是末日，只要企业有发展前途，一时的失意只是暂时的挫折。作为老板要对自己的企业有信心，努力去寻找投资者，尽最大努力维持企业正常的运营，等待着企业外部大环境好转的到来。另外，如果你的企业属于那种能耗大、产值低、日趋没落的产业，那就不要再犹豫了，该放手时就放手吧。

第 7 章

做预算：
老板读金融的第一阶段

预算是企业开展生产经营活动首先要做的工作，一份好的预算能够对公司的生产经营产生积极的指导作用，能够让企业在经营时有据可依，根据预算开展经营，不冒进，也不让企业的资产出现浪费。作为老板，一定要读懂预算包含的内容和信息，知道预算的每一项数据对于企业意味着什么，对企业的生产经营了如指掌。

本章教你：
▶ 企业财务预算的编制
▶ 老板审核财务预算报告的关键点
▶ 好预算是做出来的
▶ 老板必须跟进的预算执行和监督

企业财务预算的编制

　　财务预算是企业对于自己接下来一段时间内收入与支出情况的一个大概的估计，其建立在实际调查、过往经验以及理性分析的基础之上。财务预算的编制对于企业接下来的生产经营具有重要的指导作用，财务预算的编制工作是每一家企业制定新一年生产经营计划的重要组成部分，对来年的生产经营具有重大的意义，需要引起每一位企业老板的重视。

一、财务预算的分类

　　企业的财务预算根据不同的需要可以分成不同的类型，如按照企业现金的入账情况可以制定企业现金预算；按照企业产品的销售情况可以制定企业的销售预算；在反映企业生产成本、费用的时候我们可以制定生产费用预算等，以上都是我们日常生产中可能遇到的预算，如果系统来分的话，我们可以将企业预算分为经营性预算、投资性预算、财务预算三大类（见图7-1）。

　　1. 经营性预算。这类预算主要包括销售预算、生产预算、材料采购预算、人工预算、制造费用预算、单位成本预算、营业费用和管理费用预算等。

　　2. 投资性预算。这类预算具体反映何时投资、投资多少、资金来源和投资收益等。

　　3. 财务预算。其中包括：现金预算、预计利润表、预计资产负债表。

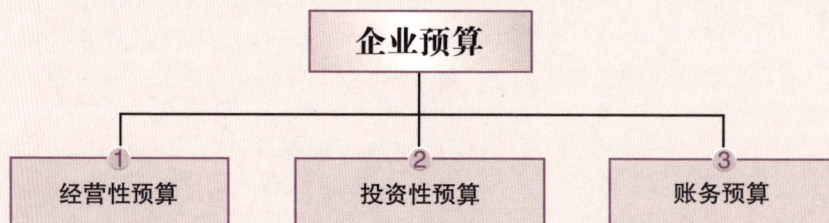

图 7-1　企业预算的分类

二、制作财务预算的步骤

制作切实可行的财务预算，一般需要六个步骤来完成。首先，预算制定部门需要根据企业的产能制定接下来一段时间内的产量，根据产量制定主要消耗的生产资料，根据原料的采购价格制定产品的成本；其次，根据产品的产量制定产品的销量，根据单个产品的售价制定出企业的营业收入；第三，要根据产品销售的流程和环节制定产品的销售费用；第四，根据历年来产品管理的经验制定出生产这些产品的管理费用；第五，根据企业的资金情况安排本次生产活动的财务费用；最后，根据以上的情况制定企业的投资收益。

三、预算编制易出现的问题

首先出现的问题就是预算的编制人员对于预算的重要性和科学性认识不足，不知道该如何去制定切实而有效的预算，将预算制定当成是一种应付检查或监督的形式流程，没有真正领悟预算对于企业生产经营的重要作用，这就使预算失去了作为企业战略发展助推手段的重要作用，使企业的发展如同盲人走路，没有一个清晰明确的发展战略。为企业的发展埋下隐患。

预算编制过程中容易出现的第二个问题就是编制主体的混乱，没有一个明确的主管部门来负责企业年度预算的编制，有的企业预算编制由财务部门兼管，有的则是由计划部门管理，总之没有一个专门的部门来承担预算的编制任务。这就导致在预算的编制上困难重重，漏洞百出，预算即使制定出来也无法起到实际的指导作用，同样只能是样子工程，对企业帮助不大。

预算编制容易出现的第三个问题就是企业的编制制定人员责任心不强，应付了事，对于预算的编制形式主义成风，不经实地考察，不分析企业的具体状况，没有从企业全盘考虑，使企业的预算管理与企业的战略管理严重脱节，同样使这样制定出的预算在实际工作中无法发挥作用。

最后就是企业的老板对于财务预算工作认识的偏差，认为财务预算工作只是财务部门的事情，对于预算编制的重要性认识不够，导致预算的制定跟不上市场和企业发展的实际需要。在今天的实际企业经营管理中，企业预算已经形成业务预算、资金预算、利润预算等综合性的预算体系，财务部门仅仅作为预算中的一个体系，为各部门提供预算编制的原则和方法，对各种预算数据进行汇总和分析。

> **案例**

合格的财务预算

年底的财务部门工作会议上，公司王经理交给小刘一项任务，就是制作下一年度公司的财务预算。作为财务部门负责人的小刘马上会同自己的同事着手进行这一任务。

他们先对公司各部门这一年度的经营状况进行实地考察，了解企业生产第一线的生产和销售情况，然后又对各部门报上来的各类报表进行整理分析，对企业历年来的预算和决算情况进行分析研究，在此基础上开始编制下一年度的财务预算。

在这项预算中既包含了企业生产需要投入情况的预算，又包含着企业销售部门今年完成利润的预算，还包括企业的管理运行过程中包含的各项费用的预算。

因为经过了实地调查研究，小刘提交的预算既没有脱离现实，导致一线生产部门普遍无法达标情况的发生，让企业的运行出现偏差，同时也符合客观的规律，没有造成企业生产资源的浪费。领导对小刘的预算很满意，在全体职工大会上对其进行了表彰。

> **老板日记**

通过预算看经营

制定预算是对接下来生产活动的一份计划和推演。通过制定预算，老板就能够对自己接下来要进行的生产活动有一个大致的了解，对于自己将要付出的成本和可能获得的回报心里有一个大概的估计。一份合格的财务预算，可以使接下来的工作推进得有条不紊、井井有条，大大提高企业运行的效率。

老板审核财务预算报告的关键点

　　财务预算提交后，老板需要对预算进行审核，需要衡量预算的制定是否贴近实际，是否能够指导接下来的生产活动，企业的支出是否会超出企业的承受范畴，在企业的销售上是否能够达到企业预想的赢利。作为企业政策的制定者，老板需要对企业的每一份决策拍板执行，预算也不例外，所以老板在此时的责任重大，必须认真审核预算的每一个关键数值，确保预算能够对企业的发展起到积极的作用。

一、企业基本情况的审核

　　企业工作预算是根据企业自身的基本情况而制定的，所以在审查财务预算时，首先要确定财务的制定基础是否严格按照本公司的基本情况来进行，其制定的数值是否真实，与企业自身情况是否有出入等（见图7-2）。

企业基本情况	测算基本情况
是否符合企业生产实际情况 是否符合企业实际利润情况	企业的支出 企业的盈利

图7-2　财务报告的审核

二、测算情况是否准确

　　企业的预算是在实际调查以及历年经验的基础上制定的，所以预算对于企业生产销售活动，以及企业支出和收入都应该有一个大概的预估。这个预估的误差最好不要偏差太多，否则预算就失去了制定的意义。如果预算制定人员充分地研究了历年来的实际生产情况，以及对于接下来一年生产要素的变动情况，其预估值与实际偏差应该不会太大。

三、财务预算的关键作用

　　财务预算最关键的作用就是使老板决策的目标具体化、系统化和定量化，这是老板在审核企业预算时首先要关注的部分。财务预算可以综合协调企业各方面的资源，让其在企业的生产经营活动中发挥重要的作用，具体指导企业的每一个环节在生产经营中的运作，使老板的决策目标在实际生产中得到具体的实施。同时预算也能将企业生产经营中每一个部门每一个人需要负责的任务进行系统化、定量化的管理，做到人人事先心中有数。

　　其次，预算可以保证老板的决策目标最大可能实现，因为预算是反映老板的决策目标的，所以老板在审核预算的时候一定要确认预算制定的经营目标是否是自己的决策目标，这样才能实现老板对企业生产经营的预期要求。在此前提下，预算作为生产经营活动的指导性参照，会对实际经营产生指导作用，让生产经营活动尽量沿着预算的方向进行，保证企业预算目标的实现。

> **案例**

让人生气的预算

　　老周今天把会计开除了，现在想起来他都很生气。报上来的财务预算，与去年的几乎一模一样，但是自己的工厂今年却已经发生了很大的变化。如果按照这样的预算去执行，企业的支出将大大超过实际情况，而每个工人的工作量只用半天就能干完一天的活。如此生产，企业非赔塌了不成。这份预算完全就是依据以往的报表凭空杜撰，这样的会计怎么能胜任如此重要的工作！

> **老板日记**

让预算贴近实际

　　预算作为对下一年工作计划的推演，事关来年生产经营能否顺利进行，所以预算越贴近实际，其对实际生产的指导价值越大。作为企业老板，预算的最终定稿人，必须要确保真实性和可行性：只有真实，才能贴近实际；只有可行，才能具备指导意义。所以，作为企业的老板，一定要在预算审核时把握好这两项关键点，确保预算经得起实际生产活动的考验。

好预算是做出来的

预算的制作是企业的一项重要工作，作为预算的制作人员，必须深入实际调查企业的实际生产情况，充分掌握第一手的资料，为预算的制作储备足够的资料，然后还有对企业历年来预算、决算进行分析，找出其中规律性的内容；切忌盲目下手，眼高手低，做出一份脱离实际、不具有指导意义的废品。所以在做预算之前一定要做好功课（见图7-3）。

| 不急于下手 | ▷ | 做到心中有数 | ▷ | 向前辈请教 | ▷ | 合格的预算 |

图 7-3　如何制作合格的预算

一、不要急于下手

在做预算之前不要急于下手，在掌握充足资料的基础上深入研究本次预算制作的要求和关键要素，力求在着手之前心中已经有了预算的雏形。在做的时候有针对性地对关键要素进行详细说明，涉及测算部分要对计算公式烂熟于心，在理论支持的基础上解决实际的问题，让自己做成的预算成为实际生产过程中的指导说明书。

二、做到心中有数

在做预算的时候制作者心中要对自己的预算有数，先做什么后做什么，心中要有一个明确的计划，切忌盲目下笔，做到哪儿算哪，条理性不清，逻辑性不强，混沌一片，让阅读者摸不着头脑。如果预算失去了指导性，也就失去了制作的价值了。

三、多向前辈请教

预算的制作者要多向前辈领导请教，毕竟他们对企业更加了解，对于某些问题看得更加透彻，观点也更加贴近实际，有助于制作者做出一份贴近实际、准确实用的预算。

▶案例

王红第一次做公司的预算比较紧张，先去找自己的主管领导聊了聊，问询了一下领导对预算编写的意见；然后找公司的老会计王姐请教了一下，学习了一下关于公司预算编制方面的经验；接着王红到公司的各个部门转了转，实地了解了公司的生产经营情况；随后她并没有马上下手开始编制，而是调出公司历年来的资料进行分析和研究，结合自己实地的调查结果还有领导的意见开始编制，成功完成了编制任务。

▶老板日记

制定严谨的预算

预算的制定是一项十分严谨的工作，作为企业老板，一定要对相关工作人员的工作给予最大的支持，因为只有给他们创造最便捷的环境才能方便他们搜集更多的一线材料，制作出最为全面实用，适合企业发展的预算。另外老板也要将自己对于来年企业的发展的想法及时与相关人员沟通，使他们制作的预算更加方便于实际工作的应用。

老板必须跟进的预算执行和监督

预算制定完成后，经过企业领导层的审核和测算，通过之后就可以下发企业各部门执行了。但是预算毕竟只是对于未来生产经营进行的一个计划，在实际的操作中会出现这样或那样的问题，都需要执行者在具体的执行过程中与制定者或者领导者进行细致的沟通。而在以后生产中对于执行者的评价也是一项十分重要的内容，这既考验着预算制定者的水平，也考验着执行者的能力，更考验着监督者的智慧。预算、控制、协调、考核，这是企业价值产生的全过程，而预算，只是个开始（见图7-4）。

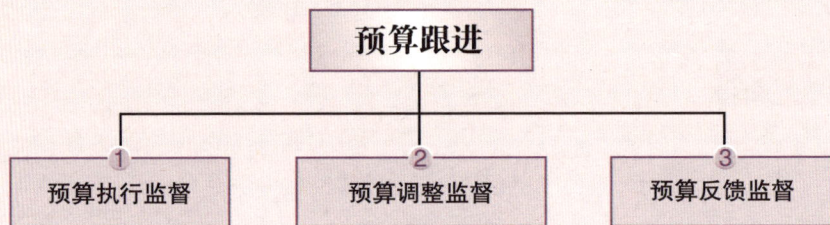

图 7-4　预算跟进

一、预算执行的监督

预算下发到企业各下属单位之后，各下属单位根据企业预算的统筹部署开展生产经营工作。在生产过程中具体的执行单位必须定期向企业管理层报告预算的执行情况，同时也作为执行部门执行情况的考核，以此来监督执行部门对于预算的执行。如果在执行过程中确实发生了预算中没有预料到的突发情况，影响了预算进度的进行，则将此视为来年预算制定时需要注意的问题，同时对今年的预算做出相应的调整。

二、预算调整监督

预算是对企业一年中生产工作的指导，是对这一年挣多少钱、花多少钱的一个大概约束。企业的下属部门必须严格执行预算的规划，同时根据预算的要求展开经营活动。

如果在实际的操作过程中确有必要对预算规定的项目进行修正，必须通过企业各管理环节的审批的同意方可进行，执行单位无权擅自改变预算的要求，否则即视为违规，甚至违法。

预算的调整监督机制就是为了这类情况而设立，因为预算在设立时是经过多方论证后制定的结果，具有科学性和权威性，一般不允许更改，所以预算的调整必须在监督下进行。

三、预算反馈监督

预算执行的反馈对于预算的执行十分关键，通过预算反馈，就可以看出预算在制定上是否合理。如果大多数部门都无法完成预算规定的生产任务，那说明预算制定过于严苛了，没有贴近实际的生产，而如果执行部门的完成效率都大大超出了预算的任务量，则说明预算的制定过于草率，给企业造成了不必要的浪费。

预算的反馈监督，要坚持全面性、明晰化、强制性、实时性、控制性、例外性、公开与透明几项基本原则。在这几项原则的指导下，企业要健全预算执行反馈的监督，全面跟踪资金申请、审核、支付、清算等操作环节，明确动态监控思路和操作规范，确保资金安全、完善操作、优化流程、提高效率，并及时向领导提供有效信息和决策参考，向预算单位通报监控情况。

> **案例**

活不够干

企业新一年度的预算已经下发各部门两个多月了，每个月末李总都会收到各部门提交上来的预算执行情况。在新一期的预算执行报告中，缝纫车间的王主任说裁剪车间每个月下的活总是不够干，每天大半天工人就已经完成当天的工作任务了。根据预算分析，这是由于在预算中给裁剪车间定制任务量不足造成的。针对这一情况，李总及时通知裁剪车间主任调整了工作安排，加大了每天裁剪车间的任务量，保证了企业生产的正常运行。

> **老板日记**

重视预算的反馈工作

预算的反馈是预算在实际工作中执行情况的表现，这些反馈情况都是企业宝贵的财富，是企业用自己的实践换回来的经验和教训。作为企业老板，一定要对这些反馈情况重视，组织预算的执行者对其进行详细科学的分析，找出其中出现问题的原因，以便在今后的工作中避免类似问题的出现，使企业的管理水平不断迈上新的台阶。

第 8 章

调结构：
应对金融风波的必备手段

企业内部的资本构成情况会对企业的生产经营活动产生直接的影响，作为企业老板要根据市场变化情况以及企业的生产经营状况及时调整企业的资本结构，使企业的生产经营保持良好的势头，不断增强实力。同时，调整企业的资本结构，也是老板加强对企业控制的一种常用手段。

本章教你：
- ▶ 最理想的企业金融结构
- ▶ 假如股市暴跌
- ▶ 企业的多样化金融结构调整
- ▶ 企业倒闭前的挽救方法

最理想的企业金融结构

企业的金融结构是指企业资本来源的构成比例，金融结构的比例往往决定着企业的运行风险和利润分配之间的关系。金融结构越简单的企业，运行的风险越小，但是相应的企业的收益也不会很高；资本结构复杂的企业，因为其不断地通过负债筹资的形式接纳新的资本，所以现金充足，在市场上占据竞争的主动，利润会大幅增加，但是复杂的金融结构也增加了企业运行的风险，一旦某一项投资发生变动，就会给企业带来动荡，波及企业的生产经营。所以企业需要在金融结构的稳定与资金之间找到一个平衡点，寻求一种最理想的金融结构（见图8-1）。

图8-1　寻找合理的资本结构

一、企业金融结构的搭建

企业的发展，需要尽可能地寻找投资的支持，而在这一过程中就涉及企业金融结构的构成问题。企业的金融结构是指公司内各种资本的关系及构成比例。企业金融结构的搭建要向着最佳金融结构的方向进行，这种结构是由企业筹资的长期项目间的关系来完成的，比如普通股权益、优先股股本、留存收益、长期借款、长期债券等项目搭配组合而成。在企业开始筹资时，作为企业的老板就要有计划地组建最佳资本结构，以便为企业以后的发展打下坚实的基础。如果在早期筹资过程中企业的金融结构没有达到最优效果，可以通过后来的筹资活动进行调整，使企业的金融结构达到最优。

二、债务资本的引入

债务资本是企业金融结构的重要组成部分。债务资本的引入，对于企业的发展发挥着非常重要的作用。合理安排债务资本在公司金融中的比例，能够对公司的发展起到非常积极的促进作用。

首先，使用债务资本，可以有效缓解企业的资金压力，降低企业的资本成本，因为债务资本的利息要低于股东的股息，而且债务资本的利息都是在税前支付，所以使用债务资本可以节省一大笔现金支出，而且在风险承担力度上债权人承担的风险要小于股东，所以在利益索取上他们的要求也低于股东，所以，适当的引入债务资本能够降低公司的综合资本成本。

其次，使用债务资本可以产生积极的财务杠杆效应。债务资本的利息通常是固定的，在此前提下，当税前利润增加时，企业承担的债务资本利息就会变向减少，如此给企业带来可观的财务杠杆效益。

债务资本的引入必须在保持企业最佳金融结构的前提下进行，如果过多引入债务资本，就会增加企业财务的危险性，陷入恶性循环。

三、企业最佳金融结构

企业最佳的金融结构是使企业的平均资本成本最低同时又给企业带来的价值最大的金融结构。金融结构是否处于最佳状态，一般采用每股净收益分析法来确定。所谓每股净收益分析法是指运用每股净收益无差别点来进行资本结构决策的方法。这种方法是通过比较债务资本和权益资本在企业销售的同一利润点时，对于公司产生的不同影响，以此来确定这两种资本在目前金融结构下发挥的作用，为选择筹资方式达到最佳的金融结构提供有力的参考。

> **案例**

马绍尔的资本结构

　　马绍尔工业公司是美国的一家大型电子和工业零部件经销商。公司由马绍尔在 1954 年创办。马绍尔公司的资本结构的一大特点就是对于债务资本严格的控制，以 1997 年 8 月的公司结构显示，长期债务只占马绍尔公司资本结构的 8.5%，公司的股票市场价值占据的比例高达 91.5%。在当下大多数企业都引入债务资本帮助企业发展的情况下，马绍尔公司却严格控制了债务在本在公司中的比例，这是为什么呢？原因其实在于马绍尔相对保守的性格，在公司内部能够解决公司发展资金的问题的时候他绝不会冒险引入债务资本，这就是我们所说的公司财务安全和发展之间的关系。在马绍尔的眼中，公司金融结构的最优点就是目前的这种结构，因为在他看来公司的金融安全更为重要，他不想把公司陷入负债经营之中。当企业发展遇到困难需要引入债务资金的时候，马绍尔也会在发展和安全间寻求最佳的妥协点，比如近期马绍尔公司就利用债务资本的金融杠杆作用收购了斯特林电子公司。所以债务资本和权益资本之间的关系不是绝对的，它们之间的比例只是取决于有利于公司发展的那个最佳利润点。

> **老板日记**

把企业的金融结构保持在最佳状态

　　作为老板，要将企业的金融结构保持在最佳状态是一项非常重要也非常有难度的事情。企业最佳的金融结构没有绝对的答案，一切都是以企业的健康发展为前提的。作为老板，要时刻关注自己企业的运行状况，根据企业的发展运行情况及时调整自己的经营策略，在债务资本和权益资本之间找到最佳的比例搭配。

假如股市暴跌

股市暴跌，对于上市企业来说就是一场灾难，巨大的金融波动必然会波及实体经济的生产和运行，也会导致市场中的各家企业的生产经营遭受巨大的困难，生存受到严重威胁。所以在这样的极端情况发生时，企业一定要采取最正确的方式应对，将金融波动对企业的影响降到最低（见图8-2）。

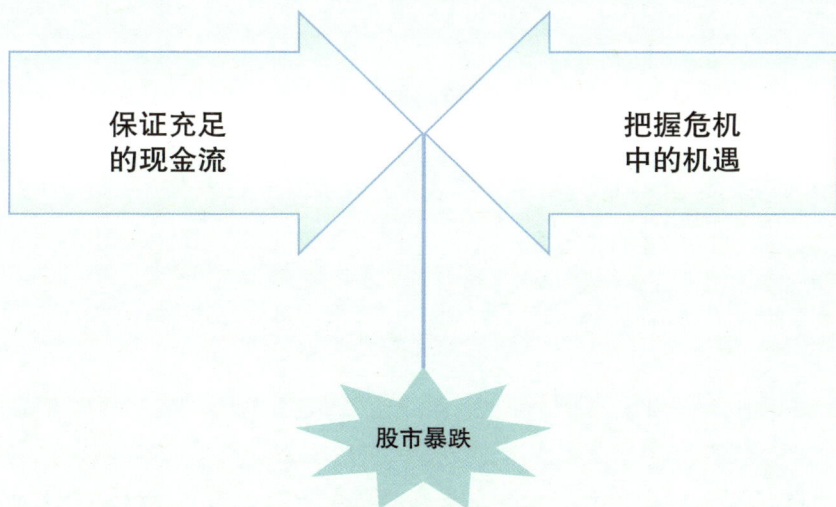

保证充足
的现金流

把握危机
中的机遇

股市暴跌

图8-2 如何应对股市暴跌

一、现金是这时企业安全的守护神

金融市场的剧烈波动，对实体经济会产生重要的影响，而与金融市场关系最近的银行系统会成为影响的前沿阵地。由于金融的波动，银行必然会采取紧缩的政策来应对金融市场的冲击，相应地，各种信贷机构都会降低对市场的资金供给，企业在融资上将面临巨大的困难。如果在此时你的企业能够储备大量的现金作为支撑，那么市场的波动对你的生产经营就不会产生重大的影响。在这个时候，现金就是你企业最好的保护神——有现金在，你就可以熬过金融的冬天，等待春天的到来。

二、危机中藏满了机遇

金融的冬天，首先要做到保护好自己，静静地等待这场股灾快点过去，保存好实力，等待经济好转的时候寻求更大的发展。如果你的实力足够强大，现金流足够充足，你也可以从你的堡垒中走出来，到市场上转转。在这个萧条的市场中充满了机遇，一切都是那么廉价，如果你手中有足够的现金，那么趁这个机会大肆采购吧。因为金融风暴的冲击，许多企业奄奄一息，只求活着就好，所以在这个时候正是企业并购的好时机。只要你眼光够准，必能在此时迅速扩展自己的实力，当经济的春天到来的时候，你的获利将远远超过你的付出。不过前提是你确实有不少钱，而且你想要收购的企业未来也确实能给你带来巨大的回报。

> **案例**

逆势发展的富国银行

富国银行是美国资产排名第四的银行，是美国银行业股票中市值最大的银行。要知道富国银行在在美国次贷危机发生之前还是一家不起眼的小银行，他们能取得今天如此巨大的成绩，与他们在金融风暴来临后积极有效的应对举措是分不开的。

第一是提升贷款质量。经济危机发生后，富国银行提升了对贷款质量的要求，对银行的不良资产进行有效的控制。

第二是良好的存款成本控制。2012 年，富国银行存款总额继续增长，截至第三季度，平均存款额为 9465 亿美元，同比增长 7%。

第三是经营成本的控制。厉行节约是富国银行一贯秉行的宗旨。2012 年，通过全行上下对部门结构的重新整合及削减不必要开支，富国银行成本收入比由 2011 年的 61% 下降至 57.1%。

第四是非利息收入的增加。2012 年前三季度，富国银行的非利息收入达到 315 亿美元，同比增长 11%。其中，抵押银行业务费涨幅最高，达到 57%。

除了以上的措施以外，富国银行的经营特色也为其在金融动荡时期实现逆势而上发挥了重要的作用。

首先，富国银行一直坚持着本土化发展的策略。2011 年末，富国银行 97% 的银行资产和 98% 的员工都在美国本土，外国分行仅有八家，外国贷款也只占富国银行资产的 5%。

其次，富国银行一直以社区银行为主业。作为一家全能型银行，富国银行的业务范围涉及商业银行、保险、投资、经纪等多种业务，且逐渐形成了三条业务主线：社区银行、批发银行以及理财业务。

最后，富国银行重视小企业贷款业务。与传统的"大银行服务大客户，小银行服务小企业"的理念不同，富国银行一直重视小企业贷款业务，通过细分客户群体、改进放贷程序、严格风险管理等措施，成为美国最大的小企业贷款发放者。

> **老板日记**

股市暴跌沉稳应对

股市暴跌是每一个人都不愿意看到的事情，但有时候许多事不会因为你怕就不会发生。作为企业的老板，一定要不断增强自己企业的实力，让自己的企业不断地发展壮大起来，只有充足的实力才能抵御金融风险的冲击，所以企业老板一定要树立风险意识，让现金流留足抵御风险的余地，拓宽自己的资金来源，以备不时之需。

企业的多样化金融结构调整

企业资本结构调整是指在不影响企业总体股本为前提的条件下重组企业的债务及股本组合。这期间会牵涉到以股权利益交换负债义务的行为，同时也可能牵涉到以某种债务形式的有价证券交换另一种债务形式有价证券的行为。企业资本结构的调整将改变一些不利于企业目前经营状况的资本结构，调整后的资本结构将更加合理，更有利于企业健康稳定的发展。

一、企业资本结构调整的原因

企业资本出现不合理的情况的时候，必将对企业的生产经营产生严重的影响，导致企业效益下降，竞争力减弱。所以在这样的时候必须对企业的资本结构进行调整，重新安排企业的资本结构，将不利于企业发展的结构要素消除。具体来说，企业调整资本结构不外乎以下几种原因（见图8-3）。

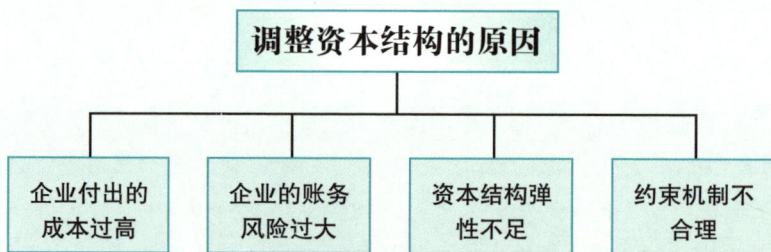

图 8-3　调整资本结构的原因

第一，企业付出的成本过高影响了企业资金的流动。因为原有资本结构中的加权资本太高，使得企业的利润下降，影响了企业在市场中的竞争力，必须调低企业金融结构中的这些资本，才能保证企业继续向前发展。

第二，企业财务承担的风险太大。这一原因是指企业金融结构中的负债筹资部分，虽然负债筹资能够有效地降低企业生产的成本，提高企业利润，但是负债筹资蕴含的风险也是不容忽视的，如果这样的风险超过企业的承受能力，那将会对企业造成毁灭性的打击。遇到这样的风险，企业必须果断调整自己的资本结构。

第三，企业资本结构的弹性不足。弹性是指企业在进行资本结构调整时原有结构应有的灵活性。企业资本结构弹性不足时，企业要调整结构也很难；反过来，也正是由于弹性不足而促使企业要进行资本结构调整。弹性大小是判断企业资本结构是否健全的标志之一。

第四，约束机制的不合理。不同的筹资方式，投资者对筹资方的使用约束是不同的。约束过严，在一定意义上有损于企业财务自主权，有损于企业灵活调动与使用资金。正因为如此，有时企业宁愿承担较高的代价而选择那些使用约束相对较宽的筹资方式，这也是促使企业进行资本结构调整的动因之一。

二、如何进行企业资本结构调整

企业的第一种资本调整方式是内涵式调整，在这种调整方式中，企业本身的资产规模不变，只是在企业原有资本的权益之间进行相互的转换。从实质上来看是对企业资产存量、负债和所有者权益之间的调整和转换。例如将企业对银行的负债转变为银行对企业的投资，原有债务成为银行在企业内的股份，这样就盘活了企业的资金，降低了负债率，有利于企业更好地发展。

企业的第二种资本调整方式为扩张式调整，这种调整方式是企业以扩大资产规模的方式来重新调整企业的资本结构。具体来说，这种调整方式就是在企业债务过高的时候，通过主权资本投资的方式来改善企业的资本结构；企业债务偏低时则通过增加企业的负债规模来改变企业的资本结构；当企业扩大自己的规模时，通过兼并、重组等方式进行规模扩张，改善企业的资本结构。

企业的第三种资本调整方式是收缩式调整，这种调整方式是通过减少现有企业的资产规模来完成的。具体来讲就是当主权资本过高时通过减少资本来降低比重；债务资本过高时，则通过归还债务的方式减少债务比重；剥离企业原有资产中的非经营性资产，以此来减轻企业的负担，调整企业资本结构；还有就是通过分离非核心业务，加强核心业务的能力来调整企业的资本结构。

总之，资本结构调整，是一项较复杂的财务决策，必须充分考虑影响资本结构的各种因素，将综合资本成本最低的资本结构作为最优资本结构，这种调整方法是较理想的方法，符合现代资本结构理论的客观要求。

❯案例

蓝晶酒厂是一家老字号酒厂，酒厂的股权上权益资本占据了企业80%的比重，而债务资本只占了20%，这样的资本结构在前几年的时候保证了企业的稳定和资金的安全，但近几年随着生产的扩大，企业的资金压力越来越大，同时权益股份的股利分红也占用了企业大量的现金，导致了企业现金流的紧张。为了解决这一问题，新上任的领导班子决定要调整企业的资本结构，降低权益资本在企业总资本中的比例，提高债务资本的比例，引入外部资金盘活企业的生产，以增加企业的效益，在不威胁企业财务安全的前提下提高企业的盈利能力。

❯老板日记

关注自己的金融结构

公司的金融结构会随着公司的发展阶段不断地发生变化。所以作为老板，必须要根据企业发展经营的状况时刻关注自己的金融结构，一旦金融结构的问题影响了公司的发展和经营，就要及时进行调整。在调整的时候要根据自己企业的实际情况制定切实可行的调整计划，将公司的金融结构调整到适合公司健康发展的道路上来。

企业倒闭前的挽救方法

企业倒闭，总归是让人伤感的一件事情，自己奋斗多年的事业就这样烟消云散，总是让人不甘心，所以不到万不得已不要放弃，但凡有一点机会也要尽百倍的努力去挽救。挽救濒临倒闭的企业虽然难度很大，但也不是没有成功的可能，只要采取行之有效的措施，改变之前的经营错误，也有许多企业起死回生，重新扬起了前进的风帆（见图8-4）。

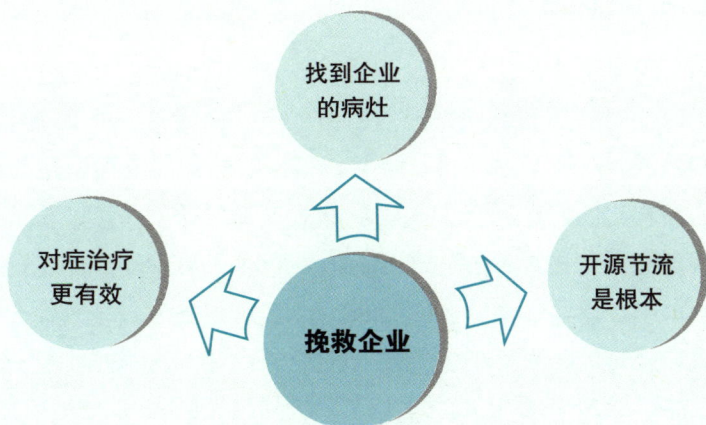

图 8-4　如何挽救濒临倒闭的公司

一、找到企业的病灶

企业濒临破产，肯定是企业的多个方面出了问题，最终导致企业竞争力下降，面临被市场淘汰的危险。现在要挽救企业，最关键的就是要从企业的各种问题当中找出那个最根本的问题，是产权结构问题？还是产品研发问题？还是销售策略问题？到底是什么问题让企业走到了今天的地步，只有找着这个关键性的问题，才能从一团乱麻的企业问题中理出头绪，拿出行之有效的应对措施，将企业从破产的边缘拉回来。

二、开源节流是根本

　　找到企业出现问题的根源之后，我们就可以给企业开出药方，想方设法挽救企业了。企业濒临倒闭的阶段，企业的现金流已经处在随时断裂的边缘，这个时候需要勒紧裤腰带过日子，最大规模降低企业的开销，将有限的资金投入到产品的研发、生产和销售上来。只要企业有占领市场的产品，就不怕看不到翻身的那一天。同时企业要利用自己现有的各种资源寻求融资的可能，尽量扩大企业的资金来源，扩充企业的现金流，想方设法缓解企业的经营困难，全力支持新的有竞争力的产品尽快上市。

三、对症治疗更有效

　　企业的下滑颓势止住之后，我们需要抓紧宝贵的时间处理企业存在的各种问题，尽快让企业回到健康发展的轨道上来。如果是企业资金结构的出的问题，我们就需要对资金结构进行调整，根据实际需要选择合适的调整方法；如果是产品结构出的问题，我们就需要加大产品的研发力度，提高产品的品质，用更加有竞争力的产品抢占市场；如果是在人员管理上出了问题，我们就需要找到根源，重新制定人员管理的方法，协调各方关系，让企业内部团结一致。而如果是因为企业的发展战略的原因，导致出现越生产越亏损的恶性循环，产品已经被市场淘汰，对于这样从基础上就已经失去了生存价值的企业，我们只能放手了。

> **案例**

死马当活马医

　　经济危机的冲击下，东莞某服装厂已经严重资不抵债，因为出口的萎靡，工厂生产出来的衣服无法销往海外市场，库存大量积压，老板在自己投入勉力维持了几个月后逐渐力不从心，工人的工资发放都成了问题，每个人都感觉工厂已难逃破产的命运了。

　　面对严峻的情况，工厂老板不想放弃自己辛苦经营十几年的企业，他明白，海外市场的萎靡是造成自己工厂陷入困境的最主要的原因，自己的产品是没有问题的，无论从质量上还是从款式上并没有被时代淘汰，去掉自己庞大的库存是缓解自己资金压力的第一步；其次在全厂工人的大会上他要求工人坚守好自己的工作岗位，同时筹措资金发放工人的工资，保证了企业内部的稳定，对于工厂的利润部分，他选择再投入工厂的生产，尽最大可能维持工厂的正常运转，然后他亲自拿着自己的产品深入全国各大服装批发市场，寻找合适的合作伙伴。

没想到结果出奇好，广阔的国内市场给了这家企业机会，这类韩版衣服在市场上很受年轻人的欢迎，销路迅速被打开，积压库房的产品很快变成了充足的资金，企业现金流快速运转起来，企业迎来了第二个春天。

❯ 老板日记

理性面对企业的破产

作为企业的老板，看着自己的企业濒临破产，心中自然是无比痛苦的，但是在这个时候，还不是老板应该痛苦的时候。在这个时候老板应该科学分析自己的企业出现问题的原因，分析有没有办法让其起死回生，看企业有没有挽救的价值，看有没有新的出路和机遇可以挽救企业。然后根据实际情况做出决定，救不救，怎么救，即使无法挽救，也要想方设法为广大职工谋求最好的善后。如果有机会，不要放弃，一分的希望百分的努力才是老板现在最该有的态度。

第 9 章

多样化：
学会使用不同的金融工具

金融工具的应用可以为企业的发展提供很大的助力，作为企业老板一定要灵活多样地运用各种金融工具为自己企业的发展提供资金保障。同时能否灵活多样地使用金融工具也考验着企业老板的金融管理能力。

本章教你：
▶ 企业发行股票和上市
▶ 企业债券的发行
▶ 公司型基金和基金公司
▶ 企业的多种对外投资方式

企业发行股票和上市

企业发展到一定的规模的时候，为了进一步发展和筹措资金的需要，往往会选择上市发行股票，筹措更多的资金助推企业发展到一个新的高度。上市和发行股票可以给企业带来大量的资金的注入，但是这其中隐藏着极大的风险。股市是一个相当敏感的地方，一旦企业运营出现一星半点的差错，都会引起股价的波动，给企业资产造成严重的损失。

一、什么是股票和上市

股票是股份公司发行的所有权凭证，是股份公司为筹集资金而发行给各个股东作为持股凭证并借以取得股息和红利的一种有价证券。股票代表着股东对于企业的所有权，股东对于企业的控制能力取决于其手中股票在企业股票中所占的比例，每一只股票的背后都代表着一家上市的公司。

而上市则是指企业通过证券交易所首次公开向投资者增发股票，以期募集用于企业发展资金的过程。上市就意味着企业将自己手中的产权推向了市场，凭借自己手中对企业的所有权控制募集更多的资金来支持企业的继续发展。

二、发行股票需要满足哪些条件

企业只有在满足一定的条件之后才有权上市发行股票，募集资金。这些条件是对企业上市资格的考核，通过这些考核避免不合格的企业上市募集资金，造成股民资金的损失（见图9-1）。

第一，申请上市的企业在生产经营上要符合国家的产业政策，具备健全且运行良好的组织机构，这一要求就是要确保上市企业是合法经营且不与国家的政策方针冲突，而且在运行上要良好，生产经营困难的企业是无法通过

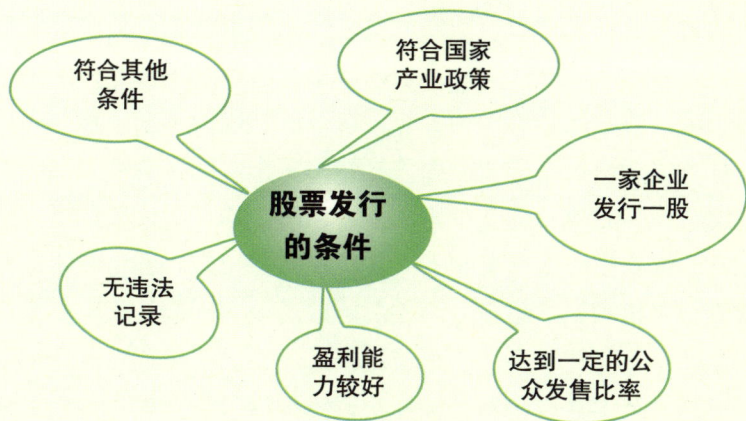

图 9-1　发行股票的条件

上市申请的。

第二，企业上市的时候只能发行一种普通股，即一个萝卜一个坑，一只股票即对应一家上市公司，这样就有效避免了上市公司股权混乱对投资者造成损失。

第三，在企业上市发行股票的时候其向社会公众发售的股票不得少于企业股本总额的 25%，同时拟上市公司的职工认购股本的数量不能超过向公众发售的股本总额的 10%；上市公司的股本总额不得少于 3000 万元，拟发行的股本总额超过人民币 4 亿元的，证监会按照规定可酌情降低向社会公众发行的部分的比例，但是，最低不少于拟发行的股本总额的 10%。

第四，准备上市的企业要有较强的盈利能力，财务状况良好。

第五，准备上市企业的财务报告最近三年没有弄虚作假的记录，没有重大的违法行为。

最后一项是经国务院批准的国务院证券监督管理机构规定的其他条件。

三、企业上市都需要哪些流程

企业上市的流程如图 9-2 所示。第一个流程就是企业的改制。这一流程一般要在企业聘请的专业机构的协助下来完成。这一角色一般由券商承担。

在券商的协助下，企业聘请证券公司、会计师事务所、资产评估机构、土地评估机构、律师事务所等中介机构完成企业的改制工作。企业内部则组成改制领导小组，协助这些机构的工作。在改制阶段的主要工作包括协调与政府部门、行业主管部门、证监会相关机构的关系，配合会计师对企业资产进行评估，配合律师完成企业上市前法务方面的工作，配合完成上市企业可行性研究报告，配合完成上市前相关文件的制作等工作。在这一阶段券商在完成企业改制中介机构团队组建后开始制定股份公司改制方案，其他机构在开始资产评估、会计相关事务、土地使用评估、相关法律程序及合同的制定等工作。然后券商及中介机构向企业提交调查提纲，企业根据提纲要求提交各方面情况，确定改制方案。

在改制流程完成之后，有关部门将对方案进行审核和确认，企业开始准备股份公司的申请文件。这些文件大致包括：公司设立申请书；主管部门同意公司设立意见书；企业名称预先核准通知书；发起人协议书；公司章程；公司改制可行性研究报告；资金运作可行性研究报告；资产评估报告；资产评估确认书土地使用权评估报告书；国有土地使用权评估确认书；发起人货币出资验资证明；固定资产立项批准书；三年财务审计及未来一年业绩预测报告。

在这些文件提交完成并获得通过后就要召开创立大会，选举产生公司的董事会和监事会。在创立大会召开后30天内，公司组织向省工商行政管理局报送省政府或中央主管部门批准设立股份公司的文件、公司章程、验资证明等文件，申请设立登记。工商局在30日内做出决定，获得营业执照。

在取得营业执照之后，股份公司依法成立，按照中国证监会的有关规定，拟公开发行股票的股份有限公司在向中国证监会提出股票发行申请前，均须由具有主承销资格的证券公司进行辅导，辅导期限一年。

| 完成改制 | ▷ | 通过审核 | ▷ | 召开股东大会 | ▷ | 公司依法成立 |

图9-2　企业完成上市的流程

四、企业上市的利与弊

企业上市是一把双刃剑，其中有利也有弊，具体会产生什么样的效果，关键在于企业领导者的经营和运作能力。如果操控得当，公司上市将提升企业的实力，向着更好的方向发展，如果对公司股票失控，则可能瞬间灰飞烟灭或者企业改换门庭，所以不能简单地来说公司上市的利弊，这一切都在于老板的选择和管理。

首先，我们来讲上市的优点，上市给企业带来的最明显的变化就是企业财务状况的极大改善，企业通过上市筹得的资金不必在一定限期内偿还，这就给企业带来了充沛的现金流量，有助于企业提高产品质量，扩大再生产。另外通过这些资金的注入可以改善企业的金融结构，有助于企业获取低息贷款，发展企业实力，为以后以更好的价格增发股票打下基础。

其次，股份公司可以以自己公司的股票来收购其他公司，而不用动用自己的现金，如此一来就能为公司省下很大一部分现金，在扩大公司规模的同时而没有对公司的现金流造成影响。同时，由于上市，你公司的资产也是明确的，以此来作为与其他公司交易时的依据。

再次，股票可以作为激励员工的资本吸引高素质的员工投奔你的公司，如此一来就会让员工产生主人翁意识，全心全意地为企业服务。在企业业绩良好的情况下，上市公司的股票奖励对于员工产生的激励效果是远远大于现金奖励的。

最后，企业上市能极大提高企业的知名度，对企业无形资产的提升有着极大的帮助。企业能够上市本身就是社会和市场对于企业的肯定，上市成功后企业可以利用新闻发布会等渠道让市场听到企业的声音，也会让社会大众关注到你。这无形中为企业做了影响力极大的广告，有利于企业产品在市场竞争中占据有利的地位，吸引各地的客户前来洽谈合作事宜。

下面我们再讲讲企业上市的弊端，企业上市之后，因为政府和市场的要求，企业必须将自己的账目公布于社会大众，这就让企业原本的机密失去了隐秘性，企业的任何风吹草动都发生在广大投资者的眼皮底下，接受社会的评判和市场的考验；企业上市之后，管理层的管理活动将受到限制，失去灵活性。

在企业上市之前，企业管理层可以自作主张，灵活掌握企业的政策制定等权限，但是上市后这些行动都必须通过董事会的同意，一些特殊的事项甚至要通过股东大会来通过。而且股东还可以通过企业的经营业绩来衡量管理人员的业绩，这种无形的压力让管理层在注重企业长远发展的同时也不得不关注企业短期的回报；企业在上市之后，还要面临越来越多的外部风险，如股票市场的波动很容易就波及上市公司，导致资产受损（见图9-3）。

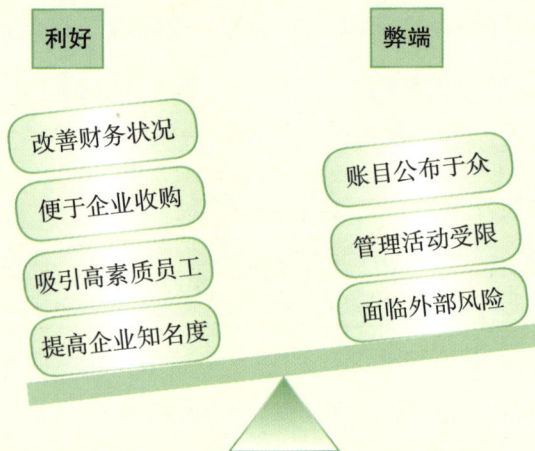

利好 弊端

改善财务状况
便于企业收购
吸引高素质员工
提高企业知名度

账目公布于众
管理活动受限
面临外部风险

图9-3 企业上市的利弊

所以企业老板在选择上市与否的时候必须要根据自己企业的具体情况来做出正确的选择，不要为了上市而上市；公司之所以要上市是自己公司的发展战略决定的，如果没有必要上市，大可不必大费周章将自己的企业置于险地。

> **案例**

中国工商银行上市日程

中国工商银行正式成立于1984年1月1日，截至2006年，总资产、总资本、核心资本、营业利润等多项指标居国内金融业首位，在中国金融市场有着无可比拟的优势。

2005 年 4 月 21 日，国家注资 150 亿美元。

2005 年 10 月 28 日，工行整体改制为股份有限公司。

2006 年 1 月 27 日，工行获得境外战略投资 37.82 亿美元。

2006 年 6 月 19 日，社保基金以购买新股方式投资 180.28 亿。

2006 年 7 月 18 日，工行 H 股、A 股同发方案已经获批，正式向香港联交所递交 H 股上市申请。

2006 年 9 月 27 日，工行首发申请前一日获得通过，拟发行 354 亿股 H 股，A 股 H 股发行价格一致，10 月 27 日在香港和上海同时挂牌上市。

> 老板日记

正确看待企业上市

企业的上市与发行股票是企业发展到一个新的高度的最明显的标志，每一家上市公司的老板都是怀着雄心壮志进入市场的。作为企业老板必须要明白，上市只是企业翻开新的一页的第一步，股市的凶险必须要有充足的准备才能够应对，老板在决策的时候必须站在企业安全和发展的角度来考虑问题。另外企业上市也不是每一家企业的必然选择，是否要选择，老板要根据自己企业的具体情况来做出决策，不要为了上市而上市，盲目上市只能给企业带来灭顶之灾，前车之鉴血迹斑斑，需要每一位老板警醒。

企业债券的发行

　　企业发行债券是企业筹措资金的重要措施，是企业在法律规定的程序下面向投资人发售的以借贷现金为目的的代表一定债权和兑付条件的债券的法律行为。债券发行是证券发行的重要形式，通过这一形式，企业从投资者手中筹集到资金，扩大自己的生产，使企业获得发展。而投资者凭借手中的公司债券获取自己的投资回报（见图9-4）。

图 9-4　债券关键要素

　　企业债券是企业为了筹资而发行的一种借款凭证，凭借债券交易双方确立了债务人和债权人之间的权利和义务，形成了暂时的合作关系。而维持这一合作关系的关键，就是债券的几大关键要素，具体包括发行额、面值、期限、偿还方式、票面利率、付息方式、发行价格、发行费用、有无担保等，这些关键要素决定债券的性质和其种类。而这当中，收益性、流动性和安全性是债券得以发行的先决条件，只有在满足了这三点条件后债券才可得以发行。也就是说市场或投资者才会接纳它，愿意为其投资。而债券的票面利率、偿还期限和发行价格是投资者投资公司债券时最为关心的问题，这三点要素也决定了债券的价值所在。而公司债券的发行量也是债券价值的重要因素，如果发行过多，就会造成销售困难，影响了发行者的信誉和投资者的信心。

企业债券有哪些发行方式

企业债券的发行上根据不同的标准可以有多种不同的发行方式，通过这些发行方式，公司债券得以在市场中出售，获取投资者的投资（见图9-5）。

按照债券在市场中价格这一因素我们可以以债券的票面价格为基准将债券分为平价发行、溢价发行和折价发行三种类型。平价发行就是指市场上的公司债券的售卖价格与其票面价格是一致的，在利率保持不变的前提下其发行的收入与将来还本的收入是一致的。溢价发行是指债券在市场上的发行价格是高于其票面价格的，以后偿还本金时仍按票面额偿还，只有在债券票面利率高于市场利率的条件下才能采用这种方式发行。这种发行方式对投资者是一个考验，如果还款时获取的票面利率大大超过市场利率，那么这次投资就成功了，反之则失败。折价发行是指企业债券在市场上发售时实际价格低于债券的票面价格，但是在偿还时发券企业要按票面价格来支付投资者利益，造成这样的情况主要是因为规定的票面利率低于市场利率，投资者同样要承担利率风险。

按照不同的发行对象，我们还可以把企业债券分为私募发行和公募发行两种类型。私募发行是面向少数特定的投资者发行的债券，不面向所有投资者发售。私募发行多采用直接销售的方式，不通过券商销售，也不用向证券管理机关办理发行注册手续，节省了承销和注册的费用。私募发行不可以公开上市，发行量一般不大。而公募发行则是面向所有的投资者发售的债券，在发行前债券发行者必须取得证券管理机关的注册发行手续发行，这类债券一般数额较大，由券商机构承销，发行利率低于私募债券。

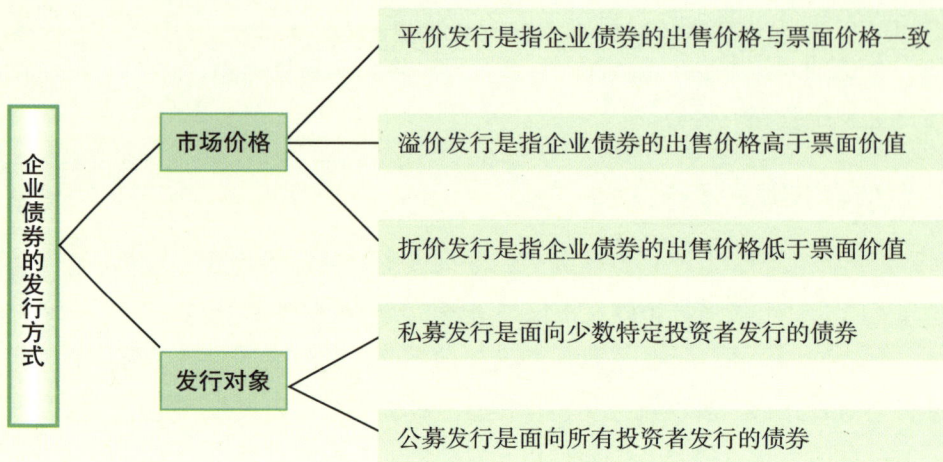

图 9-5 企业债券的发行方式

> **案例**

河北钢铁债券发行

河北钢铁原名唐山钢铁股份有限公司，系经河北省经济体制改革委员会冀体改委股字〔1994〕3 号文和〔1994〕38 号文批准，由唐钢集团作为唯一发起人，将主要生产经营性单位的净资产入股，并以定向募集方式于 1994 年 6 月 29 日注册成立的股份有限公司。设立时总股本为 2364497997 股，其中唐钢集团持股比例为 83.43%。截至 2012 年 9 月 30 日，公司可转换债券累计转股 8295 股，总股本由 1061860.34 万股增加至 1061860.74 万股。

河北钢铁公布公开发行 2012 年企业债券，本期债券分为 3 年期和 5 年期两个品种，其中 3 年期品种初始发行规模为 30 亿元，5 年期品种初始发行规模为 20 亿元。

本期债券票面金额为 100 元，向社会按面值平价公开发行，不向公司股东优先配售，起息日为 2013 年 3 月 27 日。3 年期品种的付息日为 2014 年至 2016 年每年的 3 月 27 日，5 年期品种的付息日为 2014 年至 2018 年每年的 3 月 27 日，兑付日分别为 2016 年 3 月 27 日和 2018 年 3 月 27 日。

> **老板日记**

有效利用企业债券

企业债券的发行能有效缓解公司对于现金的需求，有助于扩大公司的再生产，创造更多的财富和价值。但作为企业老板在选择债券的类型以及发行方式上要根据自己企业的具体情况制定详细的方案，在企业承受能力范围内募集资金，避免债券到期时发生违约事件，另外站在企业财务安全和融资成本的角度选择合适的发行方式，提高企业的融资效率。

公司型基金和基金公司

基金是指为了某种目的而设立的拥有一定数量的资金，可以按照目的的不同分为好多类型，公司型基金就是其中的一种，这种基金设立的目的就是为了实现盈利；而基金公司则是在基金的基础上成立的公司，这类公司专门以经营基金，使基金的的收益最大化目的而开展运作。

一、什么是公司型基金

公司型基金指基金公司本身即是一家股份有限公司，该公司依据公司章程成立，公司设有董事会，代表公司的投资者行使权力。依托专业的基金公司来管理自己的资产，保证公司资产的增值和收益。公司通过发行自己公司的股票来筹集资金，购买公司股票即成为公司的股东。

公司型基金的主要投资方向是有价证券，通过这些投资活动获利。公司基金从本质上来讲就是投资者投资证券的资本集合体。只不过这种集合是以成立公司的方式来完成的。一般情况下，公司基金在募得资金后自己并不运营，而是交给有资质和能力的投资公司来完成资金的投资。

公司型基金具体可以分为封闭型和开放型两类（见图9-6）。封闭型基金是指投资者投资者购买基金的股票后，股票即在金融交易市场交易，根据市场供求关系决定股票价格的起伏。基金公司发行的股票数额是有限的，当股票发售完毕后基金就封闭起来，不再增发，投资者不能退股，如果想要变现，只能在市场上转让或购进股票。开放型基金则是指公司在股票发行的时候不设定股票数量的上限，投资者可以随时增加或减少自己手中股票的比例，可以根据自己的需要退股，这种类型的基金总额不是封闭的，是可以追加的，所以其又被成为是追加型投资基金。

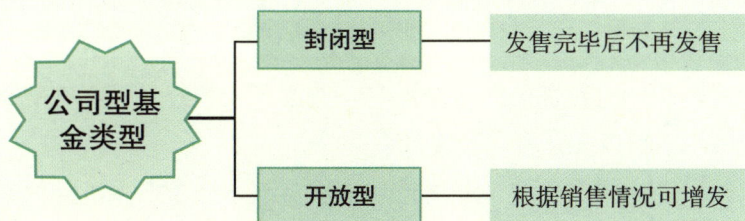

图 9-6 公司型基金的类型

二、什么是基金公司

基金公司是经中国证监会批准成立的在中国境内从事证券投资基金管理业务的企业法人，公司董事会是基金公司的最高权力机构。

基金公司是依据《中华人民共和国公司法》（以下简称《公司法》）成立的、采用有限责任公司或股份有限公司形式的企业法人。在设立原则上，《公司法》第六条规定，符合设立条件的，由公司登记机关分别登记为有限责任公司或者股份有限公司。《公司法》第九十三条规定，以募集方式设立股份有限公司公开发行股票的，还应当向公司登记机关报送国务院证券监督管理机构的核准文件。

规范基金公司经营运作的相关法规以《中华人民共和国证券投资基金法》（以下简称《证券投资基金法》）《证券投资基金管理公司管理办法》为核心，《中华人民共和国信托法》《私募证券投资基金业务管理暂行办法》和其他相关行政法规为配套的完善的基金监管法规。基金公司的经营范围如图9-7 所示。

图 9-7 基金公司的经营范围

1. 非证券业务的投资管理、咨询；参与设立投资型企业与管理型企业。不得从事证券类投资、担保，不得以公开方式募集资金。

2. 非证券业务的投资代理其他投资企业或个人的投资。不得从事证券类投资、担保，不得以公开方式募集资金。

3. 管理型企业和投资型企业均可申请从事上述经营范围以外的其他经营项目，但不得从事证券类投资、担保。不得以公开方式募集资金。投资型企业不得成为上市公司的股东，但是所投资的未上市企业上市后，投资型企业所持股份的未转让部分及其配售部分不在此限。

必须符合以下条件，基金公司才可以设立，展开运营。

1. 股东符合《证券投资基金法》和本办法的规定；

2. 有符合《证券投资基金法》《公司法》以及中国证监会规定的章程；

3. 注册资本不低于 1 亿元人民币，且股东必须以货币资金实缴，境外股东应当以可自由兑换货币出资；

4. 有符合法律、行政法规和中国证监会规定的拟任高级管理人员以及从事研究、投资、估值、营销等业务的人员，拟任高级管理人员、业务人员不少于 15 人，并应当取得基金从业资格；

5. 有符合要求的营业场所、安全防范设施和与业务有关的其他设施；

6. 设置了分工合理、职责清晰的组织机构和工作岗位；

7. 有符合中国证监会规定的监察稽核、风险控制等内部监控制度；

8. 经国务院批准的中国证监会规定的其他条件。

> **案例**

国泰基金

国泰基金成立于 1998 年 3 月，是国内首批规范成立的基金管理公司之一。2010 年全球领先的保险集团之一意大利忠利集团正式收购公司部分股权，国泰基金变身为中外合资基金公司，并在投资管理、产品研发、风险控制、基金营销等多方面与之展开交流与合作，得到了显著提高。

自 1998 年 3 月 23 日公开发行国内第一只封闭式基金——基金金泰以来，国泰基金的产品线不断得到丰富和完善。目前公司旗下共管理着 58 只公募基金，2 只养老金产品和包括专户、年金、社保、投资咨询在内 80 多个资产委托组合，形成了丰富的资产管理产品线，能够满足不同风险偏好投资者的需求。

> **老板日记**

成为基金高手

　　基金是一种重要的投资途径，作为企业老板有必要对这种投资途径加以了解，在合适的时候可以作为企业对外投资的一个选项，有助于企业资产的保值和增值。另外如果你是基金公司的老板，一定要对证券市场了如指掌，让你手中的资金获得最大的收益。

企业的多种对外投资方式

　　企业在发展到一定的规模之后，需要寻求新的投资方式，以此在正常生产经营之余保证企业资产的保值，并以此来发现新的投资渠道，拓宽企业的经营范围，使企业实现多元化发展。

　　在这些对外的投资方式中，我们根据不同的角度可以将企业的对外投资划分为直接投资和间接投资、长期投资和短期投资。

　　直接投资与间接投资

　　长期投资与短期投资

图 9-8　企业的对外投资方式

一、直接投资与间接投资

　　直接投资是指企业将资金直接投放于生产经营的环节中，以此来获取相应的利润。

　　间接投资是指通过购买有价证券等金融产品的形式将资金投入金融市场，通过获取股利和股息的方式来保证自己资产的利润。

二、长期投资与短期投资

　　长期投资是指企业对项目投入资金一年以上才能收回成本和利润的投资。

　　短期投资是指企业的流动性资产的投资，这种投资的目标往往着眼于短期获利，一般情况下一年之内就能收回投资和利润。

▶案例

软银投资阿里巴巴

2014 年 9 月 19 日，阿里巴巴集团在美国纽约证券交易所上市，首日上涨38%，收盘时市值为 2314.4 亿美元。阿里巴巴此番 IPO，除了马云等阿里巴巴高层及员工身价大涨之外，其最大股东日本软银集团更是收益颇丰，软银集团创始人孙正义更因此登上了日本首富的宝座。而软银这样的回报，都要归功于当时孙正义对阿里巴巴的投资。

多年前，处于发展期的阿里巴巴得到了孙正义 2000 万美元的投资，从此开始了自己的崛起之路，直到在美国上市成功。阿里巴巴取得了巨大的成功，孙正义那时的 2000 万美元投资现在已经变成了 500 多亿美元，获利高达2500 倍。

▶老板日记

保证资产的升值

企业的资产，必须处在流动之中，才能让其保值和增值，所以企业资产如何投资就成为放在每一位老板面前的问题。作为老板一定要在企业的资产投资上认真考虑，做出正确的选择，既要保证企业财产的安全，又要在投资行为中保证资产的升值，在生产活动之外进一步壮大企业的实力。

第10章

资本运营：
老板必须确保现金流的安全

企业的现金流是企业的命脉，只有拥有足够强大的现金流，企业才能稳定高效发展。作为企业的老板，需要时刻关注自己企业的现金流，想尽各种办法提高企业的现金流量，为企业的发展提供充足的现金流。现金流的计算必须结合企业实际财务情况经过科学的计算而得出，切不可盲目估算，造成企业的损失和决策的失误。

本章教你：
▶资金、现金和企业的资本运营
▶现金流以及相关比率计算
▶企业的现金流安全性估算
▶确保现金流安全

资金、现金和企业的资本运营

资金和现金是企业生产经营活动中必不可少的两个要素，资金是企业综合实力的体现，而现金是企业流动性的具体体现，足够的资金可以让企业开展生产经营活动，通过各种融资手段筹集生产需要的资本，而现金是企业资金流动性的保证，只有充足的现金才能让企业的生产经营快速运转，创造更多的利润（见图10-1）。

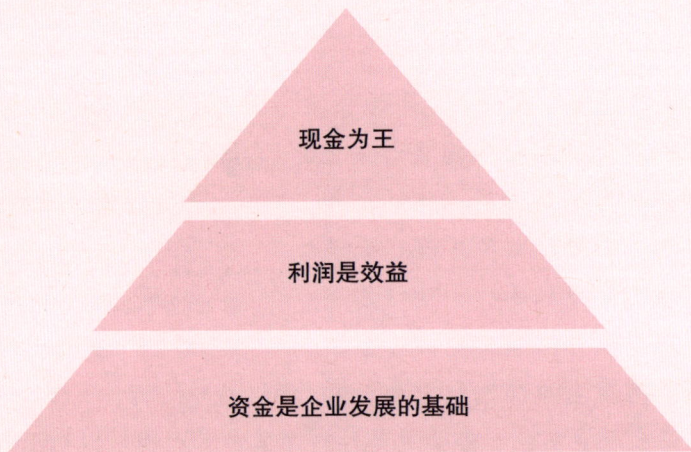

现金为王

利润是效益

资金是企业发展的基础

图 10-1　现金和资金的关系

一、什么是资金

资金是以货币形式表现出来的企业的各种的资产的总和。资金在企业内是以物质财产的形势存在的，是企业开展再生产活动的物质基础。企业内的资金以流动周转的形式在企业的生产经营中发挥作用，在资金的不断投入垫支到回收到再垫支这一循环中产生利润，保证了企业资产的增值。只有在不断盈利的情况下，企业的这种周转循环才能保持下去，反之，一旦这种周转发生断裂，企业的经营也就发生了困难。生产逐渐萎缩，最终走向破产。

企业的资金按资金来源可以分为企业资本金和借入金；按运用领域可分为流通资金和生产资金；按职能形态可分为货币资金、生产资金、商品资金；按周转方式不同又可分为固定资金和流动资金；按生产价值中的作用不同可分为生产资料资金和劳动报酬资金等。

企业资金最大的意义就在于为企业的生产提供了充足的资本和动力，在不断的循环中不断产生利润价值，保证了企业的正常运转。

二、什么是现金

现金是价值在交换过程中流通的媒介，具有普遍的社会接受性，是企业流通性最强的资产，是企业运营情况最为直接的体现，是决定企业生死存亡的关键所在。

在企业的经营理念中一直都秉持"现金为王"，是企业控制经营风险的重要保障。提升企业的现金利用率，可以有效提高企业的经营状况，加快企业发展的步伐。现金是企业流动性的体现，只有高流动性加上高利润才是企业健康发展的标志，如果企业利润可观但是流动性不足的话，依然会对企业的发展产生负面作用，甚至增加企业的运营风险。企业的现金流就好像是企业的血液，只有真正流动起来，才能将营养传输到企业的每个部位，让企业真正获取利润带来的好处，实现进一步的发展。

> ❯ 案例

现金要及时回收

梦田文化是一家图书公司，公司实力雄厚，每年出版图书上千种，印数每本都上万，每本的利润十分可观，但是企业存在的一个巨大问题就是回收的现金不足，经销商的欠账太多。虽然公司很有实力，但是毕竟如此多的欠账，再雄厚的实力也是吃不消的。公司的经营很快就出现问题，新的项目因为没有资金的投入而搁浅。

公司决策层反思近一年来的经营策略，虽然公司用账期占领了很大的市场，但是这样的策略对公司的现金流造成了极大的影响，导致了企业经营的困难。于是企业及时变更了经营策略，回收了外面的账款，公司重新进入了正常的发展轨道。

> **老板日记**

妥善处理资金和现金的关系

资金和现金就好像是企业这辆快速行驶的汽车上的两台引擎，哪一台出现问题都会对企业产生不良的影响。资金是企业实力的体现，而流动性是企业经营健康的指标，作为老板一定要合理调配这两项指标，不断扩大资金的规模，同时要不断提高资金的现金比率，提高资金的流动性，让企业的发展充满活力，不断提高抵御各项风险的能力。

现金流以及相关比率计算

现金流量指的是在某一期间内企业的的现金流入和流出的数量。这其中销售商品、提供劳务、出售固定资产、收回投资、借入资金等，形成企业的现金流入；购买商品、接受劳务、购建固定资产、现金投资、偿还债务等，形成企业的现金流出。现金流是企业经营状况良好与否的重要衡量标准，强劲的债务偿还能力，企业资产的变现能力都是考量企业现金流是否充足的重要标准。

一、现金流的分类

现金流是企业一定时期内现金流入和流出数量的总称。现金流根据不同的用途可以划分为经营活动现金流量、投资活动现金流量和筹资活动现金流量（见图10-2）。

图10-2　现金流的分类

经营活动的现金流量是指企业进行产品生产和商品销售或劳务提供的过程中所获取的现金流入以及流出的项目。一般来说，经营活动产生的现金流入项目主要有：销售商品、提供劳务收到的现金，收到的税费返还，收到的其他与经营活动有关的现金；经营活动产生的现金流出项目主要有：购买商品、接受劳务支付的现金，支付给职工以及为职工支付的现金，支付的各项税费，支付的其他与经营活动有关的现金。企业经营活动的现金流会根据行业的不同而有差异。

　　投资活动的现金流是指企业在投资活动中所获取的收益和付出的成本的现金总和。一般来说，投资活动产生的现金流入项目主要有：收回投资所收到的现金，取得投资收益所收到的现金，处置固定资产、无形资产和其他长期资产所收回的现金，收到的其他与投资活动有关的现金；投资活动产生的现金流出项目主要有：购建固定资产、无形资产和其他长期资产所支付的现金，投资所支付的现金，支付的其他与投资活动有关的现金。

　　筹资活动的现金流是指企业在筹资活动中所付出的现金以及吸收的现金的总额。一般来说，筹资活动产生的现金流入项目主要有：吸收投资所收到的现金，取得借款所收到的现金，收到的其他与筹资活动有关的现金；筹资活动产生的现金流出项目主要有：偿还债务所支付的现金，分配股利、利润或偿付利息所支付的现金，支付的其他与筹资活动有关的现金。

二、现金流如何计算

　　经营现金流量比是指现金流量与其他项目数据相比所得的值。现金流量比率是衡量企业在生产经营活动中现金流量抵偿企业流动负债能力的程度，比率越高，说明企业的现金流越充足，经营状况越好，反之则不好。当经营现金流量比率低于 50% 时，经营者就应该开始注意自己的经营状态了。现金流量比率 = 经营活动产生的现金净流量 / 期末流动负债。要得到最理想的现金流，需要围绕以下三个关键点来制定。

　　首先要围绕企业的"可持续增长率"，针对性调整"销售收入实际增长率"。许多人认为销售收入的增长越快越好，其实不然，过快的销售收入增长会让公司的资金变得紧张，为企业的资金安全埋下隐患。如果在此时老板还在片面追求销售收入的增长而忽略这其中现金收入的比重，那么企业将要陷入危险的境地了。这时老板需要关注我们这里所说的"可持续增长率"的问题了，可持续增长率是一种国际上通用的管理工具，具体来讲就是指在不需要耗尽财务资源的情况下，公司经营所能增长的最大比率。它的计算公式如下：

可持续增长率＝股东权益变动值／期初股东权益＝净利润率（P）×留存收益比率（R）×总资产周转率（A）×财务杠杆（T）

借助资产负债表和损益表，你可以很快计算出贵司的可持续增长率，然后将其与你们的"销售收入实际增长率"[（本年销售收入－上年销售收入）／上年销售收入]进行比较，就可大致判断企业的增长是否"健康"。当"销售收入实际增长率大于可持续增长率"时，说明企业增长速度过快，这时企业应当考虑的财务问题就是超常增长所需资金从哪里取得；当"销售收入实际增长率小于可持续增长率"时，说明企业增长存在潜力，企业应当思考如何处理富余的资金。

其次就是要合理规划和管好企业的应收账款和应付账款。在企业销售商品或提供劳务完全是以现金形式进行交易，且不存在任何资产折旧及费用摊销、投资的情况下，净利润与现金流量应是一致的，即收入增加引起现金流入，费用增加形成现金的流出。但这只是一种理想的假设。在企业的实际经营过程当中会有许多因素影响这两种数据的一致性，使净利润与现金流发生不一致的情况。为了尽量减少不利因素的影响，企业老板就要时刻关注自己的应收账款和应付账款的变化，保障自己现金流的安全。

最后，作为企业老板要在指定年度现金流量预测表的基础上制定月度现金流量预测表，将现金流量的监控细化，保证现金流的变化保持在安全值以内。

> **案例**

贝尔斯登的破产

贝尔斯登公司成立于1923年，总部位于纽约，是美国华尔街第五大投资银行，系全球500强企业之一，是一家全球领先的金融服务公司，为全世界的政府、企业、机构和个人提供服务。

2008 年美国出现次贷危机，房地产泡沫破裂，贝尔斯登由于持有大量有毒资产包括债务抵押债券，及投资者对其信心下降并兑现大量现金，导致贝尔斯登现金储备基本为 0，现金流枯竭，资金链断裂，从而面临倒闭。

此后贝尔斯登公司经过多方努力自救失败，最后同意了摩根大通的收购方案。美国第五大投资银行从此在华尔街消失，近百年的产业就此烟消云散，而这一切的罪魁就是现金流的枯竭。

> **老板日记**

保证企业现金流的合理

现金流是企业真实经营情况的体现，也是企业抵御金融风险的重要保证。作为企业老板必须要重视企业现金流的情况，保证企业的现金流处于合理的范围内，既要保证企业财务的安全，又要有效利用资金，不要产生资金睡大觉的情况，造成企业资产的浪费。

企业的现金流安全性估算

企业的现金流是在一定时期内企业流入的现金数量和流出的现金数量的总和。企业的现金流是企业经营活动的"晴雨表"，建立完善的现金流管理体系和安全估算体系是保证企业经营状况和保持市场竞争力的重要保证。现金流根据企业的实际情况维持在一个合理的范围之内，才能保证在保证企业财务安全的前提下发挥企业资金的最大的效益。

一、现金流结构分析

现金流的结构显示着企业的经营状况，通过对现金流的分析我们就能够知道企业的现金流来自哪儿，又流向了哪儿，现金流的余额由哪些成分构成，各成分之间又占多大的比例，由此来得出企业在经营过程中的运行状态是否合理，企业的现金流是否安全（见图10-3）。

图 10-3 现金流的结构

现金流的收入构成反映了企业生产经营活动中的现金收入情况以及这些收入的来源构成等，反映了这一阶段企业生产经营的收入情况；现金流的支出构成则反映了企业在同一阶段现金支出的构成，显示了企业现金的流向，反映了企业生产经营活动的投入情况；而现金流的余额则是上述两项数据互相比较后的差额部分。

从结构上看，现金流总额越大，说明企业现金流动越充沛，企业越有活力。现金流余额过大或过小对企业都不是好的现象，余额越大说明企业有大量的资金处于闲置状态，没有被有效的利用，而越小则说明企业的现金流紧张，对企业的财务安全造成了很大的威胁。

二、现金流变动趋势分析

现金流变动的趋势是对企业经营状况的直接反映，企业管理者可以在此基础上分析出企业的经营状况以及对企业接下来的发展有一个大概的预计，为了制定企业的经营策略提供可靠的参考依据。

现金流的变动趋势这一周期内各个时间点现金流的情况综合而成，反映着企业在这一时期内生产经营的大致趋势，可以将企业生产经营情况给管理者一个直观的展示，利于管理者做出正确的判断。

三、财务比率分析

财务比率分析是将企业的现金流放在企业的整个财务状况中进行分析，通过这一分析，可以得出现金流在企业资产中所占的比率，反映出企业的盈利能力、偿债能力、营运能力、投资能力、现金支付能力等财务比率。综合反映企业的财务状况。总体来说现金流所占的比率越高，企业风险越低，越安全。但如果比率过高，则会影响企业资产的利用效率。所以说现金流高是好的，但也不是越高越好，需要根据企业的自身状况进行分析，避免造成资金的浪费。

> 案例

企业的现金流

某企业当月现金流入额是178万元，而因为生产经营活动企业当月的支出额是170万元，那么该企业的本月现金流就是348万元，而净现金流则是8万元。在这其中企业的利润是32万元，现金收入在企业收入额中所占的比率就是20%，企业需要进一步提高自己的现金净流量在企业利润中的比率，确保企业现金流的安全。

> **老板日记**

分析企业经营状况

　　作为企业的老板，要善于通过现金流量的分析解读自己企业的经营状况。根据自己企业的实际经营情况估算出自己企业最合理的现金流，既要保证企业高效的生产和财务的安全，又要保证企业的资产物尽其用，充分发挥其潜力，创造最大的利润。

确保现金流安全

现金流的安全关系着企业的生死存亡，所以企业老板必须打起十二分的注意力，在"现金为王"的商业准则下，树立现金流的安全意识，时刻注意自己企业现金流的安全，根据现金流以及整个财务状况的变化及时调整自己的经营策略，保证企业的健康稳定发展（见图10-4）。

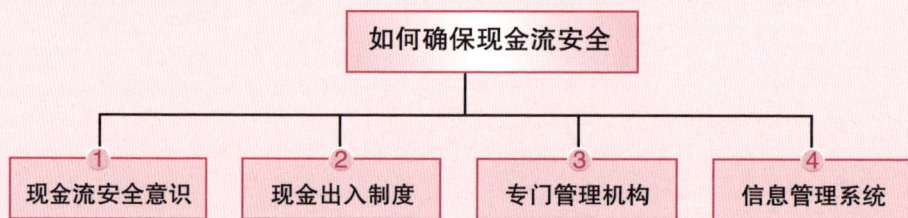

```
            如何确保现金流安全
    ┌──────────┬──────────┬──────────┐
    ①          ②          ③          ④
 现金流安全意识  现金出入制度   专门管理机构   信息管理系统
```

图 10-4　如何确保现金流安全

现金流安全的基本措施

1. 培养安全管理意识。现金流的管理意识是现代企业管理者必备的素质，拥有现金流管理意识就能让管理者时刻关注自己现金流的安全，从企业发展战略的角度分析现金流的变化情况，及时做出调整。

2. 建立现金出入制度。建立严格的现金流入与流出制度，以及完善的现金管理框架体系，这样才能及时洞察现金流量的微妙变化，在市场刚一有风吹草动的时候就及时调整经营策略，避免企业遭受损失。

3. 建立专门管理机构。建立专门的现金流检测与管理机构，这样能有效避免人为因素对现金流和市场造成的误判、大意、合谋、舞弊等导致企业现金流信息传导体系出现差错的现象的出现，保证企业及时有效地接受现金流变化传达出的市场信息。

4. 建立信息管理系统。管理信息化是企业管理的大趋势，能够大大提高企业的管理效率，而作为企业信息核心的现金流信息，作为信息化管理的核心数据显得尤为重要。在以现金流信息为核心的信息系统的检测下，企业必将对市场的变化更加敏感和准确，为及时进行企业运行策略的纠正争取最为宝贵的是时间。

轻资产模式让现金流更安全

轻资产模式是企业投入较低资本，提高现金流的周转速度，从而获得较高资本收益的运营模式。这种运营模式通过资产杠杆、负债杠杆以及价值杠杆的有效运用来完成企业的运营，以其收益高、速度快、价值实现效率高而获得资本的青睐。

轻资产模式最大的特点就是小投入大产出，这要求市场所处的行业有着广阔而充满希望的市场前景，企业在市场中的定位准确，市场划分精细。

其次这种模式对于企业的产品有着极高的要求，产品本身要具有高附加值，有着迅速占领市场的潜质，以自己的特色征服消费者，获得市场的认可。

最后还要关注品牌价值。企业品牌价值是企业能否采用轻资产模式经营的关键。较高的企业品牌价值能够快速让消费者记住这家企业，占领市场。

轻资产模式是一种有着自己鲜明特色的企业经营模式，可以在较轻的资金压力下使企业获得较快的发展。但是这种模式也不是无往而不利的，这种模式也有着自己面临的问题，企业经营者要慎重对待。比如企业的宣传比较倚重互联网平台的推广，只有适合这种推广模式的产品才有可能获得成功；这种模式对于企业的核心业务有着严格的要求，只有核心业务过硬的企业才能在这种模式中获得成功；轻资产模式对于企业管理也有着严格的要求，如果只注重核心产品的研发，而忽略上下游产业的发展，同样不会获得成功；最后就是这种模式对于市场定位有着严苛的要求，只有将市场划分得足够细，把市场细分到不可再细分程度，才能在这一领域内发挥自己产品的优势，抢占市场。

> **案例**

　　某企业在经营中一直秉持着"现金为王"的经营理念，在管理中时刻强调企业现金流的安全意识，公司制定了严格的现金出入制度，保证进出的每笔现金去向明确，账目清晰。专门的现金流管理结构时刻关注着企业现金流的变化情况，根据变化随时向企业决策层提供市场的信号，保证决策者能够时刻做出正确的判断。企业的信息管理系统也会同时对市场的一举一动做出反应，保证了企业的管理和经营的正确性。在这样的理念和管理措施的保证下，企业成功躲过了金融危机的冲击，及时调整经营战略，始终在市场中处于不败之地。

> **老板日记**

重视现金流

　　现金流的安全是企业生死存亡的重要信息，作为企业老板一定要保证现金流的变化信息及时地传达到企业的管理层，对于市场的任何变化及时做出正确的应对，保证企业在经营出现问题时及时转向，朝着正确的方向发展。

第 11 章

筹资：
企业扩大业务的金融"快车道"

筹资是企业发展过程中的一个必经阶段，通过筹资，企业才能够在足够的资本支持下发生蜕变，完成自我的革命升级。作为企业老板，一定要对自己企业的发展有一个清晰的定位和规划，在不同的发展阶段为企业制定正确的金融策略，为企业的健康发展提供最好的支持。

本章教你：
▶企业成长的四个阶段
▶躲避天使投资人的狩猎
▶融资不等于上市
▶企业如何筹资

企业成长的四个阶段

一家企业的发展大概要经历四个阶段：初创期、成长期、稳定期、衰退期（见图 11-1）。在每一个阶段企业都有自己不一样的特点，在不同的阶段企业有着不同的工作重点和经营策略，所以作为企业老板要认清自己企业所处的发展阶段，根据不同的阶段调整自己的战略方针，保证自己的企业始终走在正确发展的路上。

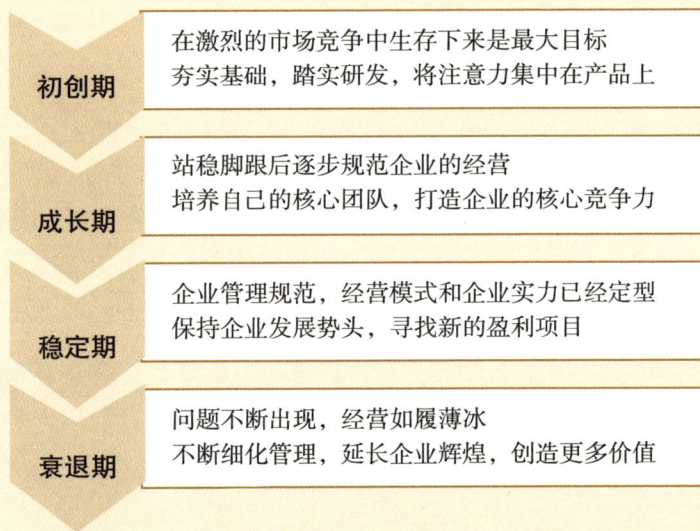

初创期	在激烈的市场竞争中生存下来是最大目标 夯实基础，踏实研发，将注意力集中在产品上
成长期	站稳脚跟后逐步规范企业的经营 培养自己的核心团队，打造企业的核心竞争力
稳定期	企业管理规范，经营模式和企业实力已经定型 保持企业发展势头，寻找新的盈利项目
衰退期	问题不断出现，经营如履薄冰 不断细化管理，延长企业辉煌，创造更多价值

图 11-1　企业的成长阶段

一、初创期

这是企业发展的第一个阶段。在这个阶段中，企业的目标就是在竞争激烈的市场中生存下来。这一阶段是企业最为危险的一个阶段，据统计，我国 22% 的企业都是在这一阶段死去的。这个阶段企业的特点就是资金不足、产品生涩、市场占有率不够，市场的风吹草动很可能就会对企业伤筋动骨，造成企业的波动。在这一阶段企业要做的就是夯实基础，踏实研发，将注意力集中在自己的产品上，尽可能抓住市场给予的机会，为企业未来的发展积攒实力。

二、成长期

这是企业成长的第二个阶段。在这一阶段当中企业已经度过了创业初期最为艰难的时刻，逐步在市场中站稳了脚跟，寻求下一步的发展。这一时期的企业已经慢慢形成了自己的企业文化和特有的经营模式，在业务模式、盈利模式、财务管理模式等定型之后，企业将进入一个快速发展的时期，公司的规模也会发展很快，这一阶段企业会面临两个问题：第一个就是企业的经营和管理逐步规范化，但是许多决策还需要老板的参与，企业的经营权和所有权还没有分离，这样的管理模式会遇到管理危机的风险；第二个问题就是员工的能力跟不上老板的经营战略。这两个问题将困扰这一阶段的企业并直接决定着企业下一阶段的发展前景。所以在这个时期企业的变动会非常剧烈，不管是人事上还是经营的策略上，企业根据自己发展的需要不断地淘汰陈旧的东西，补充新鲜血液，最终直到找到符合企业发展的人和策略。而企业的核心竞争力也是在这一阶段逐步形成的，这一阶段企业的经营状况将直接决定企业的质量以及以后企业在市场中占据的地位。

三、稳定期

这一时期企业的管理已经相当规范，企业的模式以及实力也已经定型。这一时期的企业要做的就是保持现在企业稳定的发展势头，不断寻找新的盈利项目，拓宽企业发展的方向，保持企业现金流的宽松，实现企业的赢利。

四、衰退期

这一时期的企业往往会面临这样或那样的问题。经历了稳定期的发展之后，企业的经营和管理中的许多问题都到了爆发的临界点，企业时刻都会面临着意想不到的问题的发生，可以用如履薄冰来形容。这一时期企业要不断改进和精化自己的管理模式，将显现的问题解决在萌芽状态，努力维持企业正常的生产和盈利，尽可能延长企业生命的黄金期，创造最大的利润和社会价值。

❯案例

企业发展

王晨在外打拼多年后回乡创办了自己的企业。在企业成立之初，他事事亲力亲为，自己跑设备，自己跑税务，自己跑项目，自己跑销售，在勤奋努力下，企业慢慢步入正轨。但是不断增加的业务量让王晨逐渐力不从心。他知道，光靠自己是无法保证企业的正常运转的，必须建立管理团队。

此后王晨逐渐将自己的工作重心放到管理团队的搭建上，而企业的具体事务则交给了自己挑选的专门人才来管理。经过一年多的努力，企业的管理团队搭建完成，企业的经营也有条不紊地进行。王晨也觉得自己的担子轻了许多，企业在健康正确的道路上稳步向前发展。

❯老板日记

认清自己的发展阶段

企业就好像人的成长一样，一个阶段有一个阶段的特点。作为企业老板要了解每一个阶段应该干什么，做到有所为有所不为。在企业初创阶段要亲力亲为，为企业的发展辛苦打拼。但过了这一阶段也要学会放手，将企业的发展交给专业的管理人才，在科学的管理下将企业发展得越来越好。同时老板也要注意利润跟风险的关系，不要因为盲目追求利润而将企业置于险地，要善于发现企业中的问题并及时处理。

躲避天使投资人的狩猎

企业发展起来之后，其优良的业绩和可期的发展前景必定会吸引许多天使投资人的关注，能得到他们的关注是对你企业价值的肯定，但是天使投资人也不都是天使，遇上真心合作的投资人我们当然可以接触一下，看有没有合作的前景，但也有许多天使投资人是我们需要敬而远之的，他们的投资不但不会帮助我们在事业上成功，反而会将我们的事业变成他们狩猎的果实（见图11-2）。

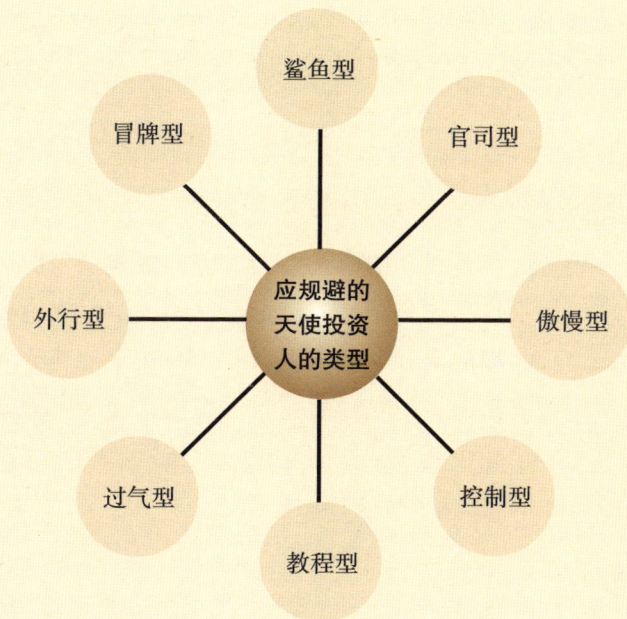

图 11-2　应规避的天使投资人的类型

一、鲨鱼型天使投资人

这一类型的投资人投资目的并不是要帮你完成你的梦想，他们只是在利用你初涉商界对于融资与交易缺乏经验的缺点，对你进行压榨，利用你负债的心理来打压你，最终逼着你向他低头，完全掌握你公司的控制权，在适当的时候把你踢出局外。

二、官司型天使投资人

官司型天使投资人是指那些完成投资以后会找各种各样的借口把你告上法庭，给你带来无穷无尽麻烦的投资人。这种天使投资人从来都不关心你公司可以提供的回报，他们的目的就是试图通过恐吓、威胁和诉讼来赚钱。他们知道你没有资源跟他们斗，所以算定了你会投降。遇到这样的天使投资人，你只有拿起法律的武器对他们施以无情的还击，才能让其降低对社会的危害。

三、傲慢型天使投资人

有许多天使投资人都是成功的商业人士，他们做惯了老板，对别人习惯了俯视，在行事风格上总是颐气指使，对你做出的决策百般挑剔，对公司的运营指手画脚，这种类型的人只是想展现自己高高在上的地位，对于你公司的成败在他心中倒是其次。对于这样盲目自大型的天使投资人，你必须根据自己的判断据理力争，如果屈服于他的淫威做出错误的判断和决策，以这种人的性格，最终还会把责任推到你的头上。

四、控制型投资人

这种类型的投资人喜欢控制别人，合作一开始的时候他就像你最好的朋友，与你推心置腹，让你无法拒绝与他合作，但是一旦签订合作协议之后，他就会成为你身边最危险的人。他就像幽灵一样在你身边等着你犯错误，只要你的行为有一点与合同不相符，他就会拿出之前的协议对你进行威胁，迫使你接受他的条件，向你索要更多的权益，最终控制你的公司。

五、教程型天使投资人

这种投资人从本意上来说倒没有毛病，他们也是真的想帮你办好公司，实现梦想，但是他们却有一个看似不是缺点的缺点——他们总是对你太关心了，想手把手地教你怎样做公司，怎样经营公司。公司毕竟是你的，有些建议你是可以接受的，有些建议你却是不愿意接受的，但是在他们却希望你全部接受。所以虽然他们的出发点是好的，本意也不坏，但与他们合作，你是无法实现自己最初的梦想的，所以对于这样的投资人你还是敬而远之为好。

六、过气型天使投资人

这样的人曾经是天使投资人，但是现在的他们已经不能算是天使投资人了，因为他们已经失去了投资能力，他们自己的资金都已经出现了问题更。他们现在拥有的只是一堆空洞的理论，跟你耍嘴皮子还行，但要他们给你的项目投资，那你就找错人了。所以面对这样的投资人，你只能尽快结束你们的谈话，去寻找真正能给你提供帮助的投资人。

七、外行型天使投资人

外行的天使投资人是指这些人没有投资的真才实学，除了有钱，其他什么都不知道。找一个不懂业务的人给你投资，你们的合作肯定不会长久，面对他们那些外行的要求，迟早你会有无法忍受的一天。所以对于这样的投资人，从一开始你还是少接触为好。

八、冒牌型天使投资人

其实这类人就不是投资人，他们的行为就是骗子的行为，他们只是想拿你的项目去真正的投资人那里去赚差价，而至于你与投资人之间的关系和合作的效果，则不是他们关心的范畴。所以这些人是为了利益不择手段的人，

　　在寻找投资的过程中一定要警惕这些人，谨防上当受骗。

　　以上几种就是企业要规避的投资人，他们都有这样那样的缺点，不适合做你的合作伙伴。在寻找投资的时候一定要寻找正规的投资机构，而且要详细考察这些人的背景，切忌被那些不良投资人的花言巧语迷惑。

＞案例

邪恶的投资人

　　李云大学毕业后利用自己在大学期间的发明专利开设了自己的公司，但是公司在经营一段时间后遇到了瓶颈。这时一位来自北京的自称是天使投资人的王先生找上门来，希望与李云合作，帮他发展企业。正愁资金的李云没有考虑许多就与对方签署了投资协议，因为对方的热情和友好，让他感觉到对方是真的想要帮自己的。

　　很快，李云就因为自己社会经验和投资经验的缺乏而受到了惩罚，因为在投资协议中有定期给予投资人投资回报的款项，在规定的时间内李云并没有支付对方投资回报，对方把李云告上了法庭。在法庭上对方就像变了一个人一样，对李云疯狂攻击，要求李云赔偿他的损失，私底下则对李云说只要李云交出自己的专利技术，就不追究责任。

　　事情到了这一地步，李云后悔也来不及了。真是一失足成千古恨啊！

＞老板日记

选择合适的投资人

　　寻找合适的合作伙伴，是企业获得发展的重要途径。合作伙伴合适与否关系着企业的发展和未来，所以老板在选择投资人的时候一定要擦亮眼睛，选择企业真正需要的投资人，不要让那些不合格的投资人耽误了企业的发展，也不要让自己成为那些心怀叵测的投资人的猎物。

融资不等于上市

公司在健康运行两三年之后，都面临这么一个大问题——该如何继续扩大经营。于是融资上市成为老板必须面对的工作。然而老板一定要清楚自己公司的底子，随时准备进行融资，谨慎上市。

一、企业为什么需要融资

企业为什么需要融资？分为两种情况：一是为了扩大规模，二是不为了扩大规模。

为了扩大规模的融资，老板觉得未来的一段时间内，企业所生产的产品能够快速占据更多市场份额，迅速获得更多利润，并在其后会把融资主要用在扩产、合理并购等方面。进行这种融资的目的是使自己在竞争中迅速垄断更多的资源，为以后的发展做准备。

不为了扩大规模的融资，则会把融资用在高价收购资产、高价收购专利等方面，以达到企业利润输送的目的。

在这里，以烧烤的摊位经营为例（见图11-3）。

二、企业为什么要上市

大部分老板对企业上市的概念就是去股市中圈钱，一旦上市就意味着迈入大老板的行列，企业的经营也进入了一个新阶段。

这样的理解单纯从资金积累看是正确的，也就是说，企业上市能广泛吸收社会资金，迅速扩大企业规模，提升企业知名度，增强企业竞争力。世界知名大企业，几乎都是通过上市融资，进行资本运作，实现规模的裂变，迅速跨入大型企业的行列。产品运营只是资本原始积累的初级阶段。当然如果上市仅仅是为了圈钱，企业是注定不会长久的。

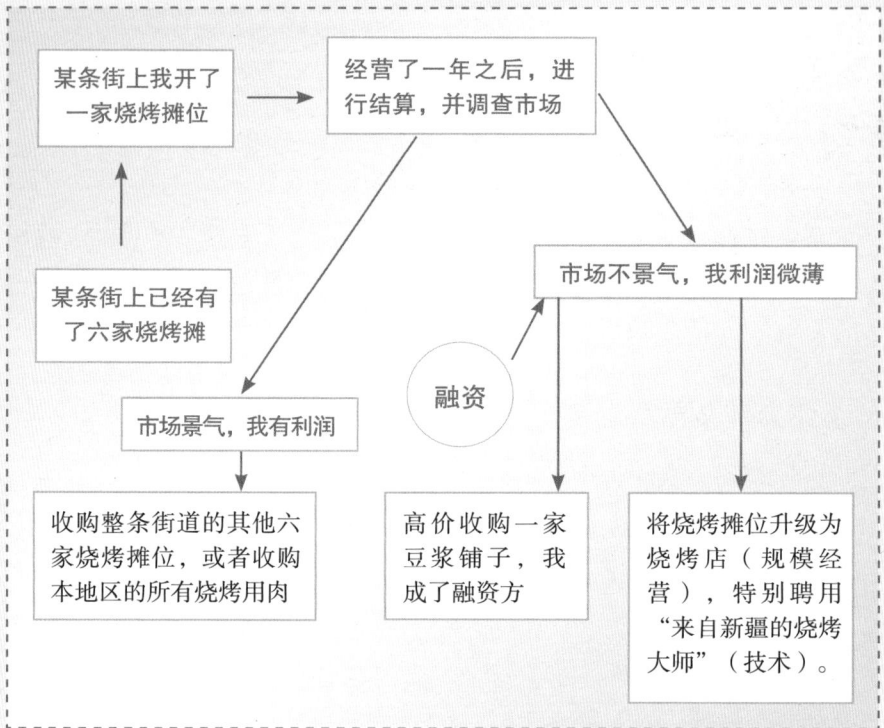

图 11-3　烧烤摊的融资历程

企业上市还有一些附加影响。

随着企业上市，企业变成了受社会关注的上市公司，使企业有了更好的发展机遇，能够得到更多的发展机会，并且由于接受监管当局严格的监管，使公司在治理方面更加规范。

企业上市使企业获得了直接融资渠道，企业可以通过资本市场获得更多的低成本资金，可以促进企业的更快发展。

有时候就是这些附加影响"逼迫"企业走上上市的道路，比如说企业缺乏继承人，企业创始人存在分歧、受到同行业其他企业的竞争挑战等（见图11-4）。

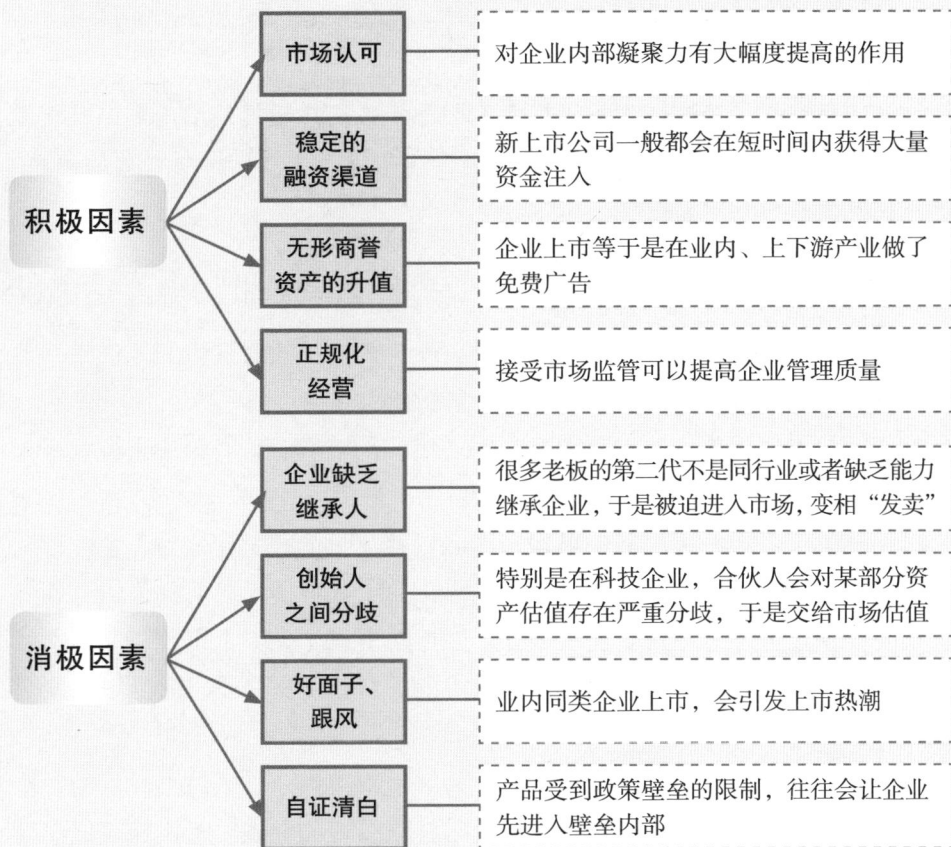

图 11-4　企业上市的原因

> 案例

中国合伙人

电影《中国合伙人》中，主角到最后还是决定要去美国将企业上市。大部分观众可能以为他这么做是出于兄弟情，其实不然。电影一开头，他一直被美国海关拒签，而能够在美国上市的非美国公司董事可以拿到 10 年的无限次数的签证，且只要公司一直存在，就可以一直续签，因此黄晓明将公司上市不过是为了报当年被美国海关拒签之"仇"，出一出胸中的恶气。很显然，对他的公司来说，在美国上市并不是经营的必然需要。就这一点来说，他的做法，不是一个合格的中国合伙人应该干的。

2014年，美国开始征收美国籍富豪在海外的资产的税，于是再次引发了在美国上市公司的热潮。这样做，又能待在美国，又可以保留自己的国籍。另外，对于有些人的资产而言，税比上市成本还要高。

三、融资上市是双刃剑

融资上市能为公司老板带来巨大财富——公司价值通过市场来确定。上市后，投资大众对公司的估值通常是利润的5~30倍。而私人公司一般由税务部门或投资人估值，通常是利润的1~2倍。上市后，公司价值将得到极大的提升。

一家上市公司有更广阔的前途，因此更容易吸纳和留住优秀人才，激发员工的工作热情。同时多次融资之后上市，等于是市场为公司提供了一次保证，可以增加金融机构对公司的信任，降低融资成本——上市公司的信用度较高，容易获取信贷，并降低融资成本。（由于变成公众公司，上市后就需要对股民负责。）

然而，融资上市对企业老板来说也是一柄双刃剑，必须付出一定的代价才可能实现。首先是老板对股份的稀释，甚至有可能突然老板发现，这家自创的企业再也不是自己说了算了。其次，融资方或者股票市场对利润和增长率有一定的要求，会给老板带来短期业绩压力，甚至会影响到老板的长期经营理念。

除此之外，企业上市后，会增加被收购的可能性，老板经营企业须遵守上市有关的法律法规并接受监管。公司每一次融资，投资者都会根据法律要求企业公开有关资料，增加企业透明度，这会增加企业的泄密危险，并增加各种成本如公关、律师费用等。

> 老板日记

和什么样的人合伙

　　每一个老板都不能包打天下，因此创业选择什么样的人合作就决定了企业能走多远。如果本人年纪比较轻，那么更适合选择行业内从业年数更久的人合作，如此不仅可以让自己有学习的对象，也可以在公司发展到一定阶段后，更好地利用融资的方式掌握更多的公司股份。如果本人年龄偏大，那么更适合选择跟年轻人合作，如此不仅可以借助对方的冲力，而且在经营一段时间后，将自己的股份顺利出手，不被公司继承束缚。

企业如何筹资

公司筹资是指公司为了自己的经营需要、资本结构调整需要以及对外投资的需要而以自己为筹资主体进行的资金筹措行为。企业筹资一般会通过筹资渠道和金融市场来进行，公司的筹资活动能够有效地增加公司资金的流量，增强企业的市场竞争力，便于企业的进一步发展。但是企业的筹资活动也会给企业带来风险，公司在享受资金带来便利的同时也要合理控制这些资金带来的风险，保证公司财务的安全和稳定。

一、企业为什么要筹资

在现代企业中，资金就是企业的生命，只有充足的资金才能保证企业发展的前景。所以企业的筹资活动都是因为这样或那样的原因进行的，每一次筹资的行动都有企业管理层自己的考虑。而每个企业都有各自的原因：有的企业筹资的目的是为了扩张自己的实力，而选择筹资充实自己的现金流，扩大自己的再生产能力；有的是为了重新调整自己企业的金融结构而选择筹资，引入新的资金，使企业的金融结构趋于合理，利于企业的进一步发展。

二、企业筹资应遵循的原则

企业的筹资活动是一项伴随风险的活动，企业在筹资的过程中必须要遵循一定的原则，以此来平稳引入新的资金，保持企业的经营稳定以及企业财务的安全（见图 11-5）。

首先企业筹资要遵循适当的规模。对于企业来说，需要多少资金是需要严格计算的，并不是资金越多就对企业发展越有好处。企业在筹资的时候一定要根据自身的发展情况适度引入外部资金，只要做到适合发展就好了。只要在不危害企业财务安全的前提下筹措资金就是最合适的。

```
┌─────────────────────┐
│   企业筹资的原则      │
└─────────────────────┘
   ┌──────┬──────┬──────┐
   ①      ②      ③      ④
┌──────┐┌──────┐┌──────┐┌──────┐
│规模适当││及时快速││来源合理││方式经济│
└──────┘└──────┘└──────┘└──────┘
```

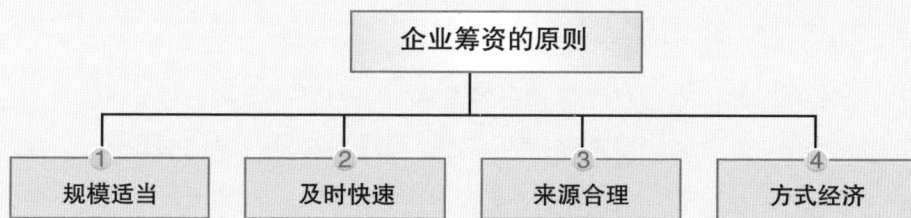

图 11-5　企业筹资的原则

其次，企业筹资要遵循及时的原则，既然企业决定要筹资了，就说明这部分筹措的资金对于企业的发展就要发挥重要的作用。所以资金越早到位越能为企业的发展做出贡献，而资金的价值也能发挥到最大。

再次，企业资金的筹措也要遵循来源合理的原则，来源越是合理，企业筹资付出的代价就越小，反之企业的融资成本就会增大，给企业的发展带来负面的影响。所以企业在筹资之前一定要对资金来源和筹资渠道进行深入的了解，选择适合本企业融资的方式来实现资金的筹集。

最后要遵循的原则就是方式经济的原则。这一原则是针对企业筹资的方式来讲的，不同的筹资方式，企业付出的成本代价也是不同的，所以企业必须根据自身情况来制定最合理的筹资方式，只有这样企业才能以最低的代价获取自己想要的资金，使企业的发展稳定而健康。

三、企业的筹资方式有哪些类型

总体来讲，企业的筹资方式可以分为内部融资和外部融资两种方式。内部融资是指企业通过企业内部利润的留用而形成的资本来源，而外部融资则是企业通过吸收自身以外的经济主体的资金来转化为自己投资的过程。外部融资需要金融市场来完成，其中，中短期资金的筹集要通过货币市场来进行，而长期资本的筹集要通过资本市场来完成。长期筹集的资本也可以分为直接融资和间接融资两种类型：直接融资就是那些不通过金融中介机构，直接由资金的供求双方达成融资合作的类型；间接融资则是企业通过金融第三方中介来达成融资意向的类型。内部融资的成本远低于外部融资，是企业首选的筹资方式。

四、如何降低企业的筹资风险

企业的筹资行为给企业带来更多发展资金的同时必然会给企业带来或大或小的风险，在企业的筹资过程中一定要尽量避免这种风险对企业造成的伤害，尽最大限度降低企业的筹资风险（见图11-6）。

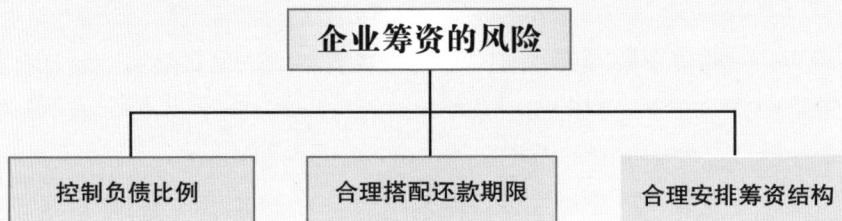

图 11-6　企业筹资的风险

首先，在企业筹资的时候要严格控制负债融资的比例，因为这种类型的融资需要企业付出一定的利息代价，而且对于还本日期也有着严格的要求，对企业的经营与支付能力会造成很大的负担，所以企业在筹资过程中要严格控制这类型筹资类型的比例，根据企业自己的经营状况来决定这类型资金在筹资比例中的份额。国际上债务资金与权益资本的比例通常为 3∶1，一些大中型项目倾向于采用的理想比例为 1∶1。

其次，在筹措资金的还款期限上要合理搭配，不要因为还款日期过于集中而对企业财务产生冲击，影响企业的经营。

最后，在企业筹资的机构上要合理安排，不同的筹资结构企业付出的代价是不同的，企业只有在结构上进行合理安排，才能降低压力，轻装前行。

> **案例**

某企业的筹资公告

某合作社位于某农场第四管理区，成立于 2014 年 4 月，经营范围为奶牛养殖、畜产品销售、饲料饲草购销，引进新技术、新产品，开展技术培训、技术交流和咨询服务，总占地面积 20.78 公顷，设计规模为饲养奶牛 2400

头。现已完成土建投资 4150 万元，总建筑面积 50746 平方米（含场地硬化及道路），购置设备投资 893.6 万元，投资 2165.5 万元，进口荷斯坦奶牛 929 头。为促进合作社持续快速健康发展，实现出资多元化、管理规范化，现决定对牧场实施重组，并面向全场公开筹集出资，具体要求如下：

一、筹资总额

1040 万元（包括现有成员已出资的 90 万元）。

二、出资人员条件

（一）有 ×× 农场户籍、具有完全民事行为能力的居民；

（二）承认并遵守合作社章程，履行义务，承担责任。

三、出资额度

每人最低出资额 2 万元，最高不超过 80 万元。

四、报名办法

符合条件的、具有出资意愿的人员，持本人身份证、户口本到所在单位报名，无单位的人员统一到社区居委会报名。

五、报名时间

5 个工作日，自 2015 年 12 月 2 日起至 12 月 8 日止。

六、有关要求

（一）报名时须按申报出资额的 10% 交纳报名保证金。

（二）报名时间截止后，符合条件的人员在 5 个工作日内交齐所申报的出资额，否则不予返还报名保证金。

2015 年 12 月 1 日

> 老板日记

企业筹资重安全

企业筹资是企业发展过程中肯定要经历的一个过程，作为企业的老板，在这个过程中一定要处理好企业的发展和安全的关系，另外要深入研究企业筹资的方式和途径，力求让企业在付出最小代价的情况下实现筹资发展。

第12章

收购、兼并和重组：
必须读懂的公司金融事件

资本市场风云变幻，每天都在上演着收购、兼并、重组这样的事件。一样的事件演绎的却是不一样的剧情，而结果的理想与否，取决于企业老板在这些事件中如何操作，如何才能以低廉的

本章教你：
▶ 如何提升企业的价值
▶ 企业兼并中的老板获利分析
▶ 企业内部重组的金融利润
▶ 最大化运用合并商誉

价格收购优质的资产，如何将自己的企业卖出一个好的价格，不同的目的决定了不同的操作手法，这一过程就是对老板金融才能最严峻的考验。

如何提升企业的价值

　　企业的价值用货币来表示的话就是企业在被收购时值多少钱。企业只有在经营中不断地提升自己的价值，在面临被收购的时候才会体现出更高的收购价值。收购价值是对企业老板多年来辛苦经营的肯定，也是对公司发展前景的一种肯定。

一、什么是企业的价值

　　从财务管理的角度来讲，所谓企业的价值就是企业在未来的经营当中其现金流量的规模，这是对企业发展前景的一个展望。企业价值的大小取决于企业在过去的时间内经营的状况以及在未来的经营预想。企业的价值是一个综合性比较强的概念，它涉及企业的现金流、企业风险以及企业的可持续发展等因素，这些因素都有可能影响企业的价值。

　　企业的价值具有前瞻性，对企业价值评估时，重点不是企业在以往创造了多少利润，买家关注的是企业在未来能够创造多少利润，这决定了企业价值究竟有多少。因此企业的价值并不是企业现在账面上的总资产，而是企业未来的发展潜力。

二、如何提升企业的价值

　　改善企业的运营状况是企业提升价值最为直接的手段。在企业的运营层面上，企业的业务部门与财务部门通过密切的配合可以有效提升企业的价值，在业务部门增加企业销售业绩的同时财务部门通过财务管理手段可以使企业的财务管理处在极其健康的状态，给收购者以极大的希望，让人能够看到企业未来良好的发展势头（见图 12-1）。

图 12-1　提升企业的价值

　　企业的资本运作也是企业提升自身价值的一个手段，企业通过上市或者成功的投资和融资操作可以极大地提升企业自身的实力，运用国际金融市场充足的货币供给，不断发展壮大自己的实力，让收购者看到企业强大的实力。

　　企业的财务总监也是提升企业价值的一大因素。一名优秀的财务总监，可以对企业的发展起到至关重要的作用。提升企业形象，良好的沟通技巧以及超强的个人魅力都成为财务总监提升企业价值的条件，财务总监在企业中发挥的作用越来越重要。

　　对企业财务管理的整合也能一定程度上提升企业的市场价值。在这样的整合中包括企业管理目标的整合，要让企业的兴衰与企业的每一个人息息相关；管理主体的整合，要让企业的每个人都有主人翁意识，都为企业的管理做出自己的贡献；还有管理对象的整合，这其中包括资金运动、产权、资产、财权、人等。资本经营、货币经营、证券投资，都是财务管理的对象。ERP的成功运用，可能就是管理对象整合的实现；管理手段的整合，管理手段的多元化有助于提升企业的管理效率；管理体制的整合，寻求最适合企业自身的管理体制，在统分结合间寻找最优点；最后还有财务评价的整合，要全方位多角度评价企业的财务工作。

三、财务工作对企业价值的提升

　　财务工作对企业价值的提升主要表现在三个方面，首先是财务工作通过自己的工作创造了企业的价值，比如营收筹划、集中化管理（尤其是资金）、盈余管理、融资管理、投资并购、成本控制等；其次是财务工作支持了企业其他能够为企业创造价值的活动，比如全面预算管理、财务流程再造、运营资本管理、利润管理、绩效管理、薪酬管理、风险管理等；最后是财务工作对企业的价值实现了保值，这包括财务管理系统建设、会计管理、会计信息管理、会计制度与组织管理等。

> **案例**

面貌一新的服装厂

祥云服装是一家专门生产外贸衣服的服装企业，之前企业的档次总是上不去，给人一种土气的感觉；企业的经营也一般，让人看不到半点希望。

直到新的财务总监的到来，这一切才发生了改变。在财务总监的主导下，企业进行了大规模的变革，对产品进行了升级，结合国际时尚潮流设计；在品牌价值的维护上下大工夫，找专业名牌工作室设计，给产品注入了高端、上档次的元素；在工厂内部管理上发挥奖励机制，激活员工的活力，整合工厂资源，提高了生产效率。

在这样的变革之后，企业发生了翻天覆地的变化，服装档次也上来了，外界对企业的印象也发生了180度的变化。企业成为潮流和时尚的代名词，在服装行业占据了一席之地，成为服装外贸出口的品牌企业。

> **老板日记**

提升自己企业的价值

企业的价值是老板最为关心的问题，因为这直接关系到自己企业值多少钱。作为企业老板，一定要想尽各种办法提升自己企业的价值，在保持企业自身价值的前提下创造更多的利润，保持企业良好的上升势头，让投资者看到企业积极向上的趋势，对未来的盈利充满信心。如此一来企业才能更具收购价值，吸引各方投资者。

企业兼并中的老板获利分析

企业兼并是一种非常常见的市场行为，强势资本出于这样或那样的目的对企业提出收购申请，企业需要在权衡利弊后对对方的申请做出回应。在经济发达的今天，这样的事情几乎每天都在发生。在这个时候企业老板如何使自己的利益最大化就成为兼并能否完成的关键性因素。只要是正常意义上的兼并，往往能够达到兼并方与被兼并方的双赢；如果出现恶意兼并，被兼并老板的利益就有面临损失的危险。

一、如何面对收购

当面对对方提出的收购申请的时候，企业必须根据对方提出的条件仔细衡量自己在这场收购中的得与失，从自身角度出发权衡被收购的利弊。这其中包括自己企业的市场地位、发展前景、存在的风险等各方面的要素。总之当对方提出的收购价格大于企业发展前景中带来的收益的话就可以答应对方的收购条件，反之则拒绝（见图 12-2）。

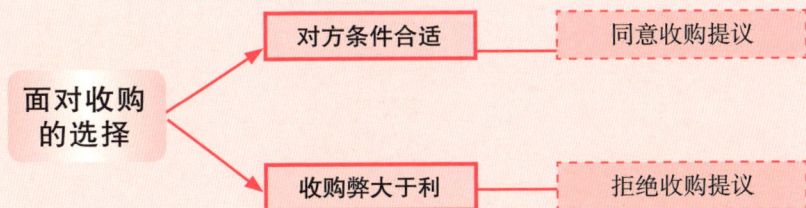

图 12-2 面对兼并的选择

在现实中收购是一项非常复杂的工作，往往不能像我们所说的那样轻易得出结果，需要企业老板认真地衡量。除了经济方面的考虑，还要考虑企业在自己人生中的地位，如果自己当初创业就是单纯为了盈利，那么就可以考虑对方的收购；如果这其中寄托了自己更远大的人生理想，那么就不要轻易放弃自己的努力的成果，毕竟此时考虑问题的着眼点只是眼前的收益，即使展望也是站在现在的标准下展望企业的未来。如果企业老板有自己的创业理想，而目前的企业是自己实现更大目标的一个必经阶段，那么放弃现在的企业也就断送了更远大目标的实现，那么即使对方给出的价格从目前来说是合适的，但为了更大的目标也不能答应对方。

还有就是要衡量对方收购自己企业的目的。如果企业对于自己来说可有可无，那么大可让对方在合适的价钱下收购，但是如果企业是自己整体商业拼图的关键点，对方收购的目的是为了削弱你整个商业集团的竞争力，那么就不能因小失大。

最后就是要看实施收购的企业与自己的关系。如果对方是域外企业，与自己不存在直接的竞争关系，收购企业只是为了进入国内市场，那么就可以与对方洽谈收购事宜；如果对方是自己直接的竞争对手，且双方实力相当，那么对于对方的收购就要果断拒绝，因为企业的发展前景将大大超过你现在获得的那点出售收益，除非你的资金难以为继。

二、什么样的企业能卖好价钱

企业被收购，在成交的价格上一般都与企业自身的实力有着直接的关系（见图 12-3）。如果被收购企业债务缠身且经营困难，那么这家企业的收购价

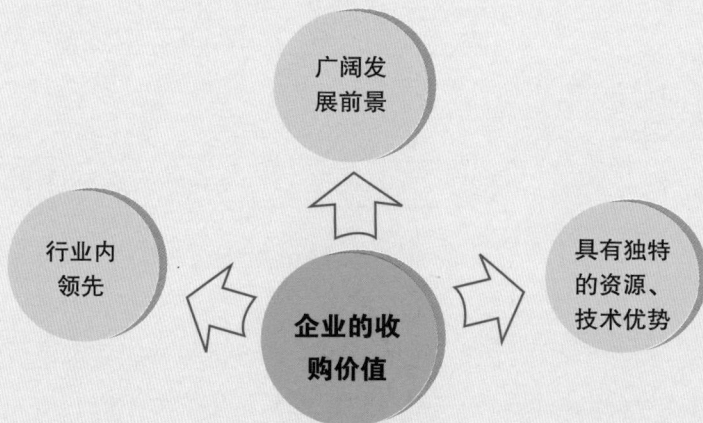

图 12-3 有收购价值的企业

值就不大，被收购时也就不会有好的价钱。反之则不同。那么什么样的企业能卖出好的价钱呢？我认为以下三类企业在被兼并时能够获得丰厚的回报。

首先是业绩在行业内出于领先水平的企业。这样的企业已经在行业内取得了成功，拥有丰富的市场经验和管理经验，对于收购者来说这本身已经就是一块雕琢完毕的美玉，完成收购后就是新老板的提款机了，比如宝能系对万科的举牌行动就是最典型的例子。

其次是具有广阔发展前景的企业。这类型的企业或者企业自身或者其所处的行业发展前景极具发展潜力，企业具有高增长性，收购后具有良好的发展趋势。

最后是拥有自己独特资源或技术的企业。这样的企业凭借自己独有的资源在行业中具有极强的竞争力，如果合理利用，能给企业带来巨大的回报。

三、提高成交额的技巧

企业被收购的时候，如果双方均有交易的意向，那么最终的交易价格就成为了摆在买卖双方面前唯一的问题了。作为售卖方，必然希望成交价格高一些，以使自己的的利益最大化。那么站在被收购一方的老板的立场来看，如何才能让成交额提高呢？这里面有一些小技巧。

首先是要有一个完整的企业远景规划，然后有切实可行的企业经营方案，让购买方看到企业的发展前景。

其次要向对方展示企业良好的经营状态，通过近几年企业的利润来打动对方。

最后不要在出售问题上表现得太过于急迫，这样往往会让对方拿住你的要害，迫你就范。

> **案例**

易趣网被收购

2003 年 6 月 11 日（北京时间 6 月 12 日），全球最大的在线交易网站

eBay 宣布，追加对易趣网的投资，以 1.5 亿美元现金购买易趣美国公司剩余股份。易趣美国公司在美国特拉华州注册，与其在华业务伙伴合作运营易趣网。

eBay 通过向易趣美国公司增资，加大了对华投资力度，从而进一步帮助易趣网在中国电子商务领域中取得更大的成功，并为将来增加在中国直接投资建立了良好的基础。易趣网将进一步吸收 eBay 的成功经验，结合中国的实际情况，增加对其网上交易平台的投资，以便为中国的消费者与商家提供更好的交易服务。易趣拥有 200 多万认证注册用户，在其网上交易平台上买卖各种商品。

对于 eBay 的这项收购，如今我们来看，易趣网是赚了，因为相比于后来崛起的阿里巴巴，易趣网已经明显不是一个级别的对手了，但是易趣正是凭借这当时广阔的行业前景以及自己在当时看来优秀的业绩吸引了 eBay 的注意，成功套现脱手。

❯ 老板日记

被收购也是机会

当企业遇到强势资本收购时，作为企业的老板首先要保持冷静，不要慌乱，审慎分析对方的收购意愿以及提出的收购条件，只要不是恶意收购就可以与对方谈，即使自己的企业没有想象中的那么优秀，但是也要把自己企业最光鲜的一面展示给对方，也许对方收购你的企业仅仅是看中了你企业的某一项优势，你只要把这一项优势发挥到淋漓尽致就能获得对方更高的价位。另外还要分析本次兼并对你的影响，如果没有触及你的人生规划，那么被兼并对你来说是一个新的开始，不妨一试。

企业内部重组的金融利润

企业内部重组是指企业的拥有者对企业内部资产的分布状态进行重新整合、调整和配置的过程。通过企业内部的重组可以重新配置企业的资源和债务，盘活企业的活力，使企业重新焕发生机，提高企业的管理效率，以及资产利用的水平。目前企业内部重组的概念已经约定俗成为一个边界模糊、表述一切与上市公司重大非经营性或非正常性变化的总称（见图12-4）。

```
公司内部        →    整合企业资源    →    创造更大的利润
重组的措施      →    剥离不良资产    →    降低负面影响，提升企业业绩
```

图12-4 公司内部重组的措施

一、整合企业资源

企业内部重组，最大的目的就是整合企业现有的资源，增强企业的生产能力，发挥能够创造利润的优势项目，从而在整体上提升企业的业绩，帮企业走出暂时的困境。

现在的企业，尤其是大型企业，涉足的领域往往是多方面的，当企业整体经营出现困难时，管理层必然会通过企业内部重组的形式来收缩经营的范围，将有限的资源投放到最有价值的地方上去，从而在某一点上形成优势资源，提高企业的利润。

要完成这样的重组，企业通常会通过内部企业的兼并来完成。在完成整合后，企业的大部分资源都集中到优势项目上，这些项目就有了充足的资金开展生产经营活动，进而以优异的表现拉动整个企业的金融面貌，创造出比以前更加多的金融利润，使公司的财务报告的整体面貌焕然一新。这一结果传导到股市上后会对公司的投资者产生巨大的激励作用，最终导致企业股价的回升，带来巨大的利润，帮助企业渡过难关。

二、剥离不良资产

　　企业在内部重组过程中，一方面要整合企业内部的优势资源，另一方面也要剥离企业内部的不良资产，以减少这些资产对企业整体财务状况的影响。在这一过程中就会出现裁员等情况的发生，要么把这部分业务剥离出去单独运营，要么就直接放弃这部分业务，总的目标就是要将对公司财务有负面影响的产业分离，尽最大可能保证公司财务的良好。

＞案例

西门子的内部重组公告

　　2014 年，西门子股份公司宣布"2020 公司愿景"，未来将专注于电气化、自动化和数字化业务。西门子股份公司总裁兼首席执行官凯飒表示，为了充分发掘西门子在电气化、自动化和数字化领域的市场潜力，公司正在重组组织架构。自 2014 年 10 月 1 日起，公司将精简机构，取消"业务领域"层级，并将现有的 16 个业务集团合并为 9 个。此外，医疗业务在未来将会独立运营。

　　这是 2014 年的一则新闻。从这则新闻中我们可以知道家用电器巨头西门子公司决定企业内部重组，目的就是整合公司内部资源，将分散的资产和资金聚拢到一起发挥优势，专注于优势项目，同时剥离非主业项目，提高企业的生产效率和业绩水平。

❯老板日记

集中优势兵力打胜仗

　　企业发展到一定的规模，涉及的领域越来越广泛，就像一张铺开的大网，但是因为涉及太多，难保有的产业发生经营困难，进而影响了整个公司的业绩，导致公司股价下跌，整体财务状况发生危险。当发生问题的分公司越来越多时，作为企业的老板就要启动内部重组，优化产业布局，整合资源支持优势项目的发展，剥离亏损的项目，进而保证企业整体财务状况的健康和稳定的发展。

最大化运用合并商誉

随着经济的发展，企业间发生并购的案例不断发生，在并购的过程中会产生一种叫作"合并商誉"的衍生资产。这种资产只在并购过程中发生，如果运用得当，合并商誉可以给收购企业带来超出想象的利润。在资本市场火爆的今天，合并商誉已经成为一种不可忽视的资源，所以在企业并购的过程中，收购企业一定要最大化运用合并商誉，发挥其最大的价值（见图12-5）。

图 12-5　合并商誉的产生

一、什么是合并商誉

合并商誉是企业在合并过程中产生的对于被收购企业的预期评估中存在的优势条件可以转化为未来收益的能力的资本化价值。在企业的合并过程中，在合并报表中要体现合并商誉的存在。当企业合并成本大于合并中取得的被购买方可辨认净资产公允价值份额的差额，应确认为商誉。即商誉产生于非同一控制下的企业合并。非同一控制下的企业合并采用购买法，并以公允价值为计量基础。同一控制下的企业合并采用权益结合法，即对于被合并方的资产、负债按照原账面价值确认，不按公允价值进行调整，不形成商誉。

二、会计如何处理合并商誉

合并商誉＝企业合并成本－合并中取得的被购买方可辨认净资产公允价值份额的差额。《企业会计准则解释第 4 号》规定：非同一控制下的企业合并中，购买方为企业合并发生的审计、法律服务、评估咨询等中介费用以及其他相关管理费用，应当于发生时计入当期损益，即《企业会计准则解释第4号》将与合并相关的直接相关费用全部计入当期损益"管理费用"科目，与企业合并类型无关。如此处理会使企业合并成本降低，从而间接影响合并商誉的大小。

商誉的列示按企业合并方式的不同，控股合并的情况下，商誉在个别报表中不列示，而是将其包含在长期股权投资的初始成本中，并只在合并财务报表中列示。

由于商誉难以独立产生现金流量，因此，商誉应当结合与其相关的资产或者资产组合进行减值测试。《企业会计准则解释第4号》对合并成本的调整，从而影响到与此相关的商誉的确认、商誉的减值测试等一系列会计因素的变动。

三、合并商誉在现实中的运用

合并商誉作为收购过程中出现的衍生价值，在实际的交易中被作为一种有价值的资源来对待，甚至有的收购刻意用低估所收购的资产、高估所收购的负债以及滥用有关准备金的提取和使用的方法提高合并商誉的数额，由于目前会计准则对商誉不要求摊销处理，而是定期进行减值测试。所谓的商誉减值测试，还不是围绕着"利润"两个字，想怎么测就怎么测，也就是具有很大的弹性。

企业合并所形成的商誉，持有期间不要求摊销，但至少应在每年年终进行减值测试。由于减值测试太主观了，太依赖所谓的职业判断了，因此，对于高估的商誉就可以挂账或滞后减值处理。比如今天的利润不太好，为了保利润就可能让商誉趴在账上，滞后进行减值处理；如果利润很好，就按照利润目标进行商誉减值；如果亏损很严重，就将商誉全部或大部分做减值处理，即"洗一次大澡"，一次亏个够，巨额冲销账上的商誉，以便为未来盈利铺平道路。

商誉的运用应该保持在合理范围内，在法律和政策允许的前提下进行操作，为企业的经营提供帮助，但个别公司为了获得合并商誉而弄虚作假，这就涉及违法犯罪了，是我们坚决反对的，但对于企业合理交易获得的商誉，一定要将其用到最关键的地方，以促进企业的发展。

▶案例

合并中的商誉

　　老刘包子铺在这条街上开了多年，生意一直不错，而最近在街口又有人开了一家包子铺，抢走了老刘不少客源。老刘去品尝了一下，对方包子的口味确实不错，自己与对方硬拼只会两败俱伤。老刘在这条街附近已经经营多年，老主顾颇多，让老刘离开此地另寻他址付出的代价就太大了，既不想与对方硬拼，又不想离开此地，摆在老刘面前的出路就只有一条了，那就是收购对方，趁机也扩大自己的经营规模。

　　经过商谈，对方同意收购，开出了20万元的收购价格，但老刘经过评估核算，对方的固定资产至多8万元，但是考虑到对方愿意将自己包子馅的配方留下，还有对方走后自己扩大规模后的前景，老刘答应了对方的要求。以20万元的价格成交，收购了对方的包子铺，这条街上又只剩下老刘一家包子铺了。

　　上面的案例是简单的并购商誉的案例，当然实际并购中要复杂得多。只看这个简单案例。对方8万元的实际价值老刘花了20万并购过来，这多出来的12万就可以看成是这次并购事件中产生的商誉。其产生的依据就是对方留下的足以让老刘忌惮的调馅秘方，以及对方离开后留给老刘的市场前景。另外这12万的商誉也留给老刘日后发展中广阔的财务空间。

▶老板日记

合并商誉的价值

　　合并商誉是企业在并购过程中必然会出现的一种资产，其具有微妙的价值体现，如果使用得当，就能为企业的发展发挥重要的价值；如果不善于操作，对于企业不仅没有任何价值可言，还可能让企业在收购中付出过多的代价。作为企业老板一定要了解合并商誉的产生过程以及产生合并商誉意味着什么，然后需要明白如何运用才能将合并商誉的作用发挥到最大。

第 13 章

平台：
读懂并利用金融的最高成果

网络平台的出现，给传统的金融注入了新的活力。互联网彻底改变了金融的面貌，使得金融发挥的作用得到了极大的扩展，金融在互联网的助力下进入了我们生活的方方面面，在改变我们生活的同时也改变了企业的金融面貌。所以作为企业老板一定要与时俱进，从传统金融的思维中解脱出来，投入网络金融的大潮中，利用网络金融为企业的发展找到新的发展契机。

本章教你：
▶ 金融是企业关系网拓展的方式之一
▶ 互联网金融的运用
▶ 金融平台带来的巨额利润分析
▶ 马云和阿里巴巴的金融决策（案例分析）

金融是企业关系网拓展的方式之一

企业作为市场中的基础单位，因为生产和经营的需要，跟许多市场上的其他经营单位会发生这样或那样的联系，比如企业与自己业务的上游企业和下游企业会因为生产销售的需要而发生关系，我们将其称之为市场链关系，另外还有一些围绕市场链而发生的有关个人或组织之间而发生的关系，我们称之为市场链链外关系，而金融则是发生这些关系的重要纽带。

一、金融在企业关系网构建中的作用

企业在生产经营中交易的需要构成了企业在市场中的关系网，企业生产需要原材料的供给，为了寻求这种供给，就形成了企业与上游企业之间的关系，而生产出的产品需要走向市场，这种走向市场的需要催生出了企业与下游企业之间的关系，上游企业帮企业提供必要的生产资料，而下游企业则将产品卖给广大消费者。在这过程中衔接双方进行通力合作的纽带就是金融（见图13-1）。

当然，以上仅仅是最简单的企业关系，一家企业需要的材料不止一种，与其发生关系的上游企业也就不止一家，而这些上游企业之间也就形成了竞争这种新的企业关系，各方在竞争中发生密切的关系，而这种关系的核心还是金融；企业的下游企业也不可能就是一家，企业生产出的产品也许在下游企业这里只是另一种意义上的原材料，需要经过下游企业的再加工，直至能够让普通消费者直接使用了，产品才真正称之为产品，而每一次加工企业都是在围绕金融来进行着，为了共同的目的，不同的企业通力合作，最终制造出市场上那些琳琅满目的商品。

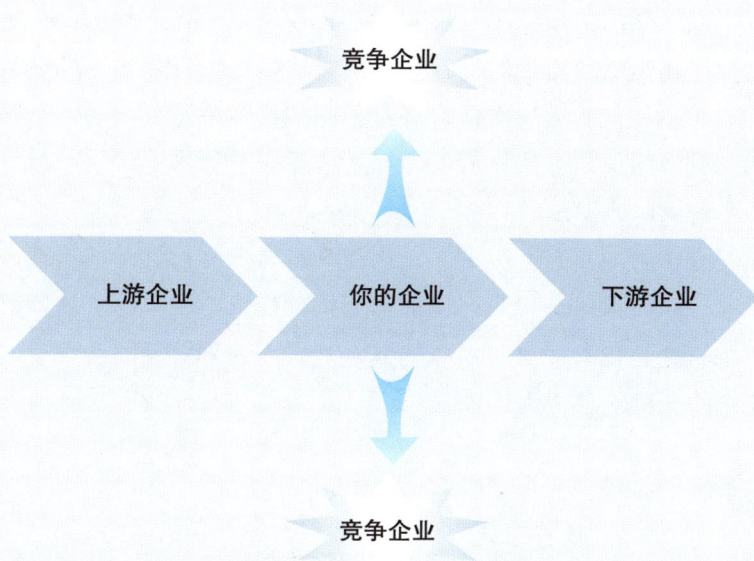

图 13-1 市场中的企业关系

二、金融市场中的企业关系

随着经济的不断发展，金融市场发展到今天已经相当完善，在日常经济生活中也发挥着越来越重要的作用。各种各样的企业在金融市场中寻找着适合自己企业发展的资金来源，也有许多企业在这里寻找着可以让自己资本实现增值的优质项目和企业，所以在金融的推动下，企业之间的关系变得错综复杂起来，今天这家企业的控股者是甲，明天就有可能换成了乙，虽然企业之间暂时没有关系，但有可能瞬间就因为相同的投资行为成为同一家企业的股东。因为相同的目的而走到一起，这已经是许多企业联系在一起的方式。

另外金融市场中还有一种方式就是兼并与被兼并的关系，金融市场中的企业，因为资金的相互流动而发生联系，有的企业是为了使自己的资本保值而入股其他企业，有些企业的目的则是要兼并其他企业而进行金融投入，这是企业间比较激烈的一种关系，可以说是你死我活的一种关系，一旦被强势资本大鳄盯上，企业必须要接受对方的金融挑战，要么败下阵来，在对方的资本打压下以极低的价值拱手让出自己的企业，要么越挫越勇，在抗争中发展壮大自己，在击败对方挑衅性收购的同时让自己变得强大。当然，企业并购也是资本重组的一种手段，双方怀着不同的目的来进行交易，有些情况也没有如此剑拔弩张，双方秉承着互惠互利的原则进行商业谈判，最终达成并购重组的案例也比比皆是。

当然，有兼并与反兼并的关系，也就会有盟友与白武士的出现，当一家企业面临恶意的收购时，以自己的能力无法抵挡对方的攻势，这就需要自己的盟友出手帮助自己共同对抗对方的兼并战，而这种关系的实现很多情况下也是以一定的金融交易作为代价的。

> **案例**

被收购的雅士利

雅士利集团创办于 1983 年，经过 20 多个春夏秋冬，已成为一家驰名海内外的现代化大型企业。雅士利集团实力雄厚，在全国多地设有自己的奶源基地，拥有多条国际先进奶制品生产线，产品畅销全国及东南亚、欧美等地，是我国奶粉企业中的知名品牌。

蒙牛集团则是我国奶制品领域的另一家知名企业，公司始建于 1999 年 8 月，总部设在内蒙古和林格尔县盛乐经济园区，是中国领先乳制品供应商。蒙牛专注于研发生产适合国人的乳制品，连续 7 年位列世界乳业 20 强。蒙牛乳业已形成了拥有液态奶、冰淇淋、奶粉奶酪等多品的产品矩阵系列，拥有特仑苏、纯甄、优益 C、未来星、冠益乳、酸酸乳等知名产品。

2013 年 6 月 18 日下午，蒙牛乳业与雅士利联合宣布，蒙牛乳业向雅士利所有股东发出要约收购，并获得控股股东和第二大股东接受要约的承诺，承诺出售合计约 75.3% 的股权。此次交易的最大现金量将超过 124 亿港元（合人民币约 98 亿元），同时，这也是迄今为止中国乳业最大规模的一次并购。收购完成后雅士利原有的团队将会继续保留，蒙牛将通过董事会进行管理，保留雅士利独立运营的现状。

这一收购行动不但意味着蒙牛获得了雅士利和施恩两个奶粉品牌，奶粉收入一下狂增逾 30 亿元，也意味着国产奶粉进入伊利、蒙牛"两分天下"的时代。

> ＞老板日记

金融是拓展企业关系的重要途径

金融的交流往来是企业对外发生联系的主要途径。通过交流，企业可以加深与合作伙伴的合作，稳固双方的关系，因为这些企业也可以结识新的合作伙伴，拓宽企业的业务。作为企业的老板，要重视这种交流的机会，尽量为企业的发展储备较多的合作和客户，未雨绸缪，以便在企业遇到困难的时候得到更多的援助。

互联网金融的运用

网络平台与金融的结合催生了互联网金融的诞生，作为新生事物，互联网金融为企业发展带来了新的机遇。在网络平台的助力之下，金融焕发了全新的面貌，许多我们之前想到却做不到的事情被开发出来，金融资本流通的速度被大大加快，金融应用的模式也被不断地翻新，金融对经济发展的促进作用进一步得到提升。因为有了互联网，不断有新的金融方式出现，金融业也发生着日新月异的变化，为企业老板们的融资选择提供了越来越多的选择机会，为企业的不断发展提供了强大的力量。

一、什么是互联网金融

简单来讲，只要资金的流通是经过互联网技术来得以实现的，那么这种金融行为就可以称之为是互联网金融。这其中既包括传统金融活动加入了互联网技术的应用，也包括运用互联网技术对金融活动进行的创新等方面。

互联网技术的诞生对金融业产生了颠覆性的革命，彻底改变了金融业之前的面貌。之前传统金融业中固定的服务网点逐渐被虚拟网络所取代，之前相对固定的金融服务项目因为互联网大数据的加入而变得灵活多变，个性定制化的金融服务广泛流行。同时由于互联网虚拟应用平台的出现，导致传统金融中的金融中介职业日益失去市场，濒于消亡的边缘。

互联网金融，进入我们每个人的观念中首先是诸多新名词的出现，诸如云计算、大数据、移动支付、余额宝等，之前没有听说过的这些名词随着互联网金融的出现迅速占领了我们的生活，让我们越来越领略到互联网金融给我们的生活带来的革命性变化。

互联网金融作为一个革命性的新鲜事物进入我们的生活，一直在不断地完善和发展自己。在未来的时间里，互联网金融将进一步走入我们的生活，渗透我们生活的方方面面，从不同的角度不断进行着自己革命的延伸：从金融普及方面来看，互联网金融将不断给我们的日常金融生活带来便捷；从高科技方向发展来看，互联网金融将演化成智慧金融，进入高端领域，服务于国家建设；从效率方面来看，互联网金融以其高效和对资源占用的减少成为绿色金融的代表。

互联网金融的出现，大大提高了金融运营的效率，对经济发展的刺激巨大，对经济的发展产生了积极的影响（见图13-2）。

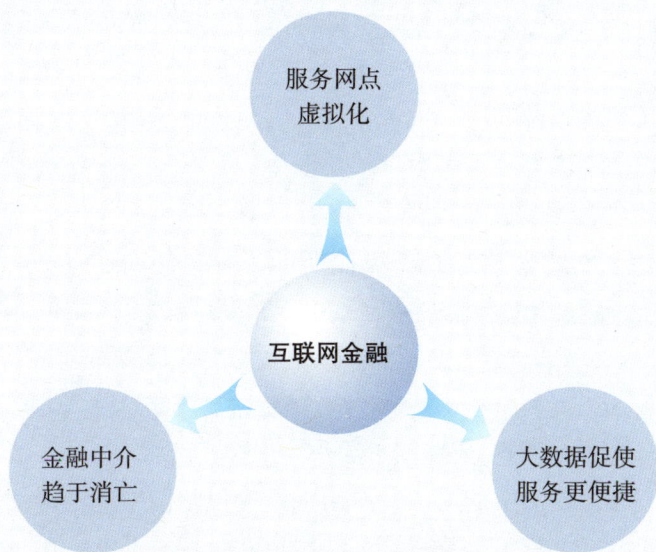

图 13-2　互联网金融的革命性变化

二、互联网金融现实应用

互联网金融发展到今天，已经越来越被我们了解，在金融行业的每一个领域都可以看到互联网的应用。互联网金融具有以下特色（见图13-3）。

```
            互联网金融的特色

   虚拟化          大数据          互联网平台
```

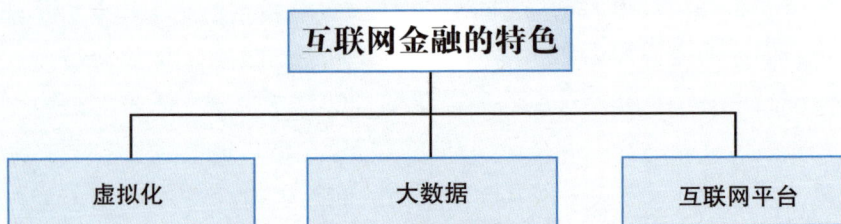

图 13-3　互联网金融的特色

首先，互联网金融作用于传统金融领域，使传统金融业虚拟化，对传统金融业的交易、支付等业务进行有效的整合，为客户提供一体化的金融解决方案，突破了传统金融业受地域、时间的限制，促进了虚拟金融市场的形成和发展。

其次，互联网金融的第二大特色就是大数据的运用。大数据是互联网金融与生俱来的巨大优势。在大数据的协助下，互联网金融让金融运行的效率大大增加。借助大数据强大的信息优势，互联网金融实现了针对不同客户的精准定位服务。互联网平台的出现，云计算技术的运用，将单个电脑的数据连成一个整体，创造出 1+1 远远大于 2 的完美效果。大数据的运用在现实中体现为三个特点：首先是需要处理的数据巨大，各种数据全部包含进来；其次是包含的数据相当复杂，追求数据的复杂性而忽略其精准性；再次是能够从这些复杂的数据中得出人们想要的结果，提高了效率。

互联网金融在现实中的第三大应用就是虚拟信用平台的建立和应用。虚拟信用平台利用 P2P 网上借贷平台、众投模式、社交网站、电子货币等形式实现金融体系的转型升级，以较低的成本和便捷而高效的优势迅速成为企业融资的优先之选。互联网虚拟信用平台的出现省去了传统金融中许多繁琐而无用的中间环节，给普通消费者的金融运用带来了极大的便利。如果说互联网金融前两个应用是对传统金融的拓展和优化的话，那么虚拟信用平台的建立和应用则是对金融行业的颠覆和重塑，具有革命性的意义。

> **案例**

横空出世的支付宝

支付宝（中国）网络技术有限公司是国内领先的独立第三方支付平台，由阿里巴巴集团创办。支付宝致力于为中国电子商务提供"简单、安全、快速"的在线支付解决方案。

支付宝公司创建于2004年，"信任"是其产品和服务的核心。旗下有"支付宝"与"支付宝钱包"两个独立品牌。自2014年第二季度开始成为当前全球最大的移动支付厂商。

支付宝主要提供支付及理财服务。包括网购担保交易、网络支付、转账、信用卡还款、手机充值、水电煤缴费、个人理财等多个领域。在进入移动支付领域后，为零售百货、电影院线、连锁商超和出租车等多个行业提供服务，还推出了余额宝等理财服务。

支付宝稳健的作风、先进的技术、敏锐的市场预见能力及极大的社会责任感，赢得了银行等合作伙伴的广泛认同。支付宝跟国内外许多家银行以及VISA、MasterCard 国际组织等机构建立了深入的战略合作关系，成为金融机构在电子支付领域最为信任的合作伙伴。

> **老板日记**

与时俱进接受新鲜事物

网络平台作为新鲜事物的出现，改变了整个金融市场的面貌。作为企业的老板，必须与时俱进跟上时代发展的步伐，将新出现的科技发明运用于自己企业的生产经营当中，让科技的进步服务于自己企业的发展，并创造出超出以往的利润。另外作为企业的老板，要时刻关注科技的进一步发展，以发展的眼光衡量科技进步对于自己企业发展的影响。

金融平台带来的巨额利润分析

金融平台作为科技进步在金融领域的体现，为金融业的进步和发展做出了突出的贡献，使金融业相较于之前的传统形式发生了革命性的变化。但是作为科技进步体现的金融平台本身，也是在其盈利的基础上才得以不断向前发展的。但是金融平台是如何实现盈利的呢？这种盈利是从哪儿来的？通过何种方式获取的呢？

一、盘活的资金流

资金的流通是金融的核心，金融平台的作用也不例外，互联网金融与传统金融最明显区别就在于资金流通的速度大大加快了，这是金融平台最大的优势所在。

而金融平台盘活资金的方式是多种多样的，例如金融平台克服时间、地域的限制，将众多的个人资金集中到金融平台之上，集中使用和经营，本来相对分散的资金因为金融平台而集合起强大的力量，取得更加丰厚的利润。同时由于金融平台建立起来的信誉和信任优势，让其盈利能力更加增强了，同时由于金融平台相对透明的信息披漏，使借贷双方，以及投资者与平台双方之间的关系更加安全，大打加快了金融的流通，提升了货币流通的价值，使各方达到了共赢的效果。

但是作为新事物，金融平台也有自己不完善的一面，一旦操作不当就会酿成严重的金融事件，而这些事件出现的根源并不是互联网金融本身的技术原因，而是在于操作者不合法的操作手段，这是一种严重的犯罪行为。所以先进的技术必须搭配完善的法律监管才能发挥其最佳的优势，促进社会经济的发展。作为金融平台的投资者，在投资之前一定要详细了解所投资的对象，从各方面验证其资质和实力，如果遇到回报超出正常范围的情况，一定要慎重投资，避免掉入非法集资的陷阱。我们这里所提的只是技术本身，不代表鼓励大家积极参与相关金融项目，投资者需要认真、仔细、慎重地选择投资项目，以免让不法分子钻了空子（见图13-4）。

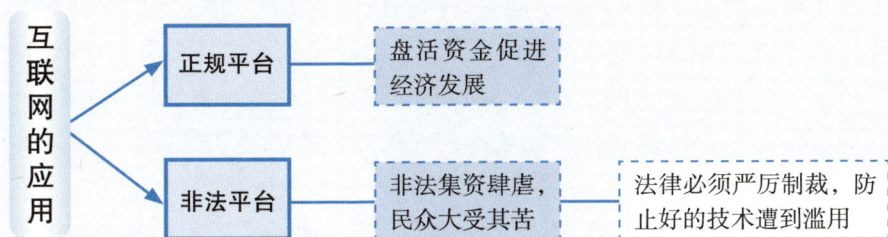

图 13-4　互联网技术的应用

二、金融平台的利润

金融平台的利润来源主要就是借贷业务中的利息差额。金融平台将平台资金借给需要资金的企业，获取相应的利息，然后平台再从这部分利息中拿出一部分作为平台投资者的分红，而剩下的就是平台的利润。因为金融平台相较于传统金融方式有着高效且便捷的特点，所以其平台流动的资金数额巨大，这其中的利润也就不在少数了。

另外，由于金融平台大量的信息流量，导致借贷双方在平台上成功交易的概率大大增加，平台也可以在这些成功的交易中获取撮合的服务费用。

当然，目前来说平台的利润来源还是比较单一，在接下来的发展过程中，随着国家的措施的不断规范，金融平台必将迎来新的发展。在技术支持的基础上操作越来越规范，提供给客户的服务越来越细致，越来越贴近生活，其盈利的模式也将从获取利息这种粗放模式转化为售卖服务等全新的模式。

> **案例**

e 租宝被查的警示

e 租宝是钰诚集团全资子公司，注册资本金 1 亿元。"1 元起投，随时赎回，高收益低风险。"这是"e 租宝"被广大投资者熟知的口号。超高的收益率成为e租宝吸引投资者投资最大的诱惑。自2014年7月上线，e租宝交易规模快速挤入行业前列。

2015年年底，多地公安部门和金融监管部门发现e租宝经营存在异常，随即展开调查。公安机关发现，至2015年12月5日，"钰诚系"可支配流动资金持续紧张，资金链随时面临断裂危险；同时，钰诚集团已开始转移资金、销毁证据，数名高管有潜逃迹象。为了避免投资人蒙受更大损失，2015年12月8日，公安部指挥各地公安机关统一行动，对丁宁等"钰诚系"主要高管实施抓捕。

从2014年7月e租宝上线至2015年12月被查封，e租宝累计交易发生额达700多亿元。警方初步查明，e租宝实际吸收资金500余亿元，涉及投资人约90万名。

e租宝被查只是现今网络金融平台乱象的一个缩影，因为法律监督的欠缺，对于网络金融平台这一新鲜事物的掌控还亟待完善，技术本身并没有问题，关键在于利用技术的人将很好的技术创新做成了非法集资，进而导致无数人血本无归。所以在今后的很长一段时间内国家相关监管部门急需完善对于网络金融平台的监管和规范，让日益发展的科技真正转化为服务于社会进步的生产力。

> **老板日记**

远离非法集资

作为企业的老板，在投资中一定要慎之又慎，网络金融平台作为科技进步作用下的新鲜事物，在给企业带来前所未有的便捷的同时，与之相伴的风险也越来越残酷地展现在了我们的面前。技术无罪，但人祸可恶，好好的技术不用在正道上却用来非法集资，真是可恨。为什么会出现这种情况？也许这些人开始并未想着去做这些违法犯罪的事，只是在巨额的金钱诱惑面前迷失了自我，导致在投资上唯利是图，坏账烂账越来越多，最终拖累了现金流的运转，导致资不抵债，拉着广大投资者做了炮灰。

马云和阿里巴巴的金融决策（案例分析）

阿里巴巴公司能发展到今天这样的规模，取得如此骄人的成就，与其掌舵人马云在关键时期的金融决断有着密切的关系。从阿里巴巴公司的发展历程来看，阿里巴巴经历了 4 次相当关键的金融决断，马云在这些企业历史的关键点上都做出了正确的决定（见图 13-5）。

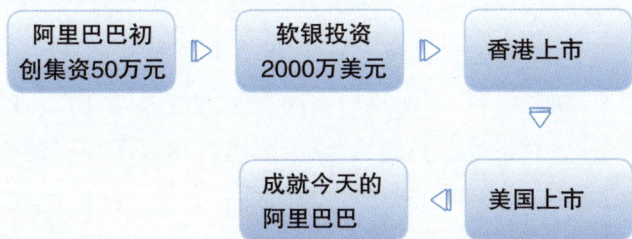

阿里巴巴初创集资50万元 ▷ 软银投资2000万美元 ▷ 香港上市

▽

成就今天的阿里巴巴 ◁ 美国上市

图 13-5　阿里巴巴的发展

一、第一笔投资

1999 年年初，阿里巴巴公司在杭州马云的家中诞生，公司的启动资金就是马云和其创业伙伴集资的 50 万元。阿里巴巴创始初期，公司规模小，名气也不大，主要任务就是建立阿里巴巴网站。运营了一段时间之后，公司启动的 50 万元初始资金很快就花完了，阿里巴巴面临着资金短缺的窘境。此时的阿里巴巴急需外部资金的注入，但即使如此，马云也没有降低自己对于投资公司的要求——他先后拒绝了 38 家投资商对阿里巴巴的注资要求。在马云的理念中他需要的不光是投资者的资金，他还希望得到投资者进一步的风险投资和其他的海外资源。在这样的理念下，马云最终在其财务总监蔡崇信的牵线下与高盛集团达成了投资意向。高盛投资的 500 万美元，让阿里巴巴公司度过了第一个金融难关。

二、结缘软银

　　阿里巴巴公司运营走入正轨之后，在市场上的影响越来越大，越来越受到投资者的关注和青睐。1999 年秋，当时的亚洲首富日本软银总裁孙正义约见了马云。在这次会面中马云拒绝了孙正义的投资要求，这对于当时的马云来说是需要相当勇气的，毕竟在他面前的是当时的亚洲首富，也许也正是由于这样的勇气才成就了一位新的亚洲首富。

　　经过数次面谈协商，最终软银入股阿里巴巴，但马云和他的团队依然保持着对阿里巴巴的绝对控股权，同时也正是这笔价值 2000 万美元的投资让阿里巴巴顺利度过了 2000 年 4 月开始的金融寒冰期，等到了春天的到来。

　　多年以后看软银的这笔投资，对于双方来说是双赢的。在软银的支持下，阿里巴巴在 2000 年至 2003 年的寒冬期顺利过冬，在日后的发展中软银也给予了阿里巴巴绝对的支持；对于软银来讲，相对于当时的投资，回报率达到了 81 倍，阿里巴巴用自己优异的表现回报了软银的支持。

三、完成上市

　　经过几年的运营，阿里巴巴成功度过了互联网的寒冬。2004 年，阿里巴巴再次获得 8200 万美元的巨额投资，公司进一步发展壮大。在这段时间，阿里巴巴创办淘宝网，推出支付宝，收购雅虎中国，推出阿里软件……为日后的发展打下了坚实的基础。

　　2007 年 11 月 6 日，全球最大的 B2B 公司阿里巴巴在香港联交所正式挂牌上市，正式登上全球资本市场舞台。11 月 6 日 10 时，港交所开盘，阿里巴巴以 30 港元，较发行价 13.5 港元涨 122% 的高价拉开上市序幕。小幅震荡企稳后，一路单边上冲。最后以 39.5 港元收盘，较发行价涨了 192.59%，成为香港上市公司上市首日涨幅最高的"新股王"，创下香港 7 年以来科技网络股神话。

　　在此次全球发售过程中，阿里巴巴共发行了 8.59 亿股，占已发行 50.5 亿总股数的 17%。按每股 13.5 港元计算，共计融资 116 亿港元（约 15 亿美元），加上当天 1.13 亿股超额配股权获全部行使，融资额将达 131 亿港元（约 16.95 亿美元），接近谷歌纪录（2003 年 8 月，谷歌上市融资 19 亿美元）。

阿里巴巴的上市，成为全球互联网业第二大规模融资。

四、美国上市

美国时间 2014 年 9 月 19 日上午，阿里巴巴正式在纽交所挂牌交易，股票代码为 BABA。截至当天收盘，阿里巴巴股价暴涨 25.89 美元报 93.89 美元，较发行价 68 美元上涨 38.07%，市值达 2314.39 亿美元，超越 Facebook 成为仅次于谷歌的第二大互联网公司。

9 月 19 日北京时间 21 时 30 分，阿里正式敲钟开市。因为交易量庞大，阿里创美股 10 年来开盘时间最长纪录。直到北京时间 23 时 50 分之后才出炉开盘价。开盘 92.7 美元，较发行价 68 美元高开 36.3%。

阿里巴巴集团市值达到 2383.32 亿美元，至此，阿里巴巴执行主席马云的身家超过 200 亿美元，超过王健林和马化腾，成为中国新首富。

> 老板日记

成功的范例

马云可以说是中国现在最成功的企业家，他以自己超常的魄力和独特的眼光创造了阿里巴巴的神话。每每在公司发展的关键时刻都能做出最为正确的选择，保证了阿里巴巴公司健康稳定地向前发展。不可能每一个企业老板都能成为马云，但是马云在金融投资方面的成功，值得每一位老板学习借鉴。